摩訶毗盧遮那佛

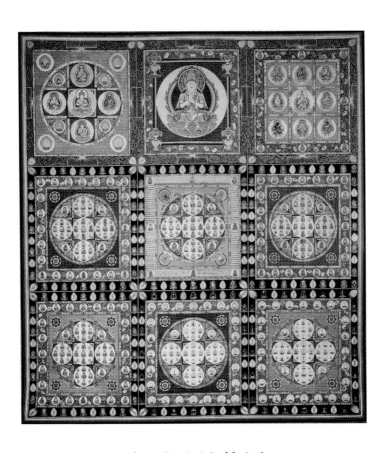

金剛界曼荼羅

胎藏界曼荼羅

日本佛教真言宗高野山派金剛峰寺中院流第五十四世傳法大阿闍梨
中國佛教真言宗五智山光明王寺光明流第一代傳燈大阿闍梨

悟光上師法相

上帝之選舉

序

讀完悟光上師近著《上帝之選舉》之後，覺得滿目煙霞，燦爛無比，心內空廓清朗，十分爽快。和讀一般書感受大不相同。固然是因書中討論的皆屬人生迫切煩難、急須解決的重大問題，容易投合讀者興趣而取得其注意與信服。其實以此為主題的著作早即充盈市肆，不勝枚舉，卻沒有幾本能滿足讀者的需求。給人以愉快爽朗之感。顯然是因為這些書所提供的解決方案不圓滿、不透澈，不切實捷便。而上師這本書是以他數十年修為所獲得的圓滿透澈的證見，運用無比的善巧剖析深密的理趣，復以嚴整的體系闡釋龐雜的事相，並就讀者親切經驗，簡捷的發抉所含的純正崇高的宗

教意義與價值。同時也為之開示最捷便平易解決途徑，而激勵其向道的意志與辦道的熱忱。故此能使人讀後，立即有種「至今一見黃龍後，始知當年錯用心」的感嘆。

原本宗教信仰，或說宗教情操，乃是我人與生具來的本能，而其表現則因時地千差萬別，大致隨著人的根器、社會文化的進展而有所變異。如歐洲古代希臘羅馬，中古耶穌教的理論家，乃至近世的哲學家，在解說宗教情操之起源時，率皆各說各話，各有見地。有的說宗教信仰淵源於對自然現象的畏懼。有的說是對權威依賴心的擴展，也有人認為親子之情延長。十九世紀德國學者費爾巴哈總結前人的見解，說宗教信仰起源於人類的無

知。他有句名言道：「人類文化前進一步，神就退後一步。終有一天神被人類逐出宗教，而宗教也退出文化範疇。」他這一論調，開迪了後來反宗教的思想，使宗教被視為「迷信」，而把宗教信仰，或說是情操轉注於科學發明與階級鬥爭上。在他們眼裡，宗教或神非但不是人類文化發展過程中必然出現的現象與產物，乃是無知或錯誤衍生的惡性贅瘤。不幸的是這班自命為理性昌明的人物，個個都把自己塑造羅伯士庇爾式的神，在他自己破壞的宗教廢墟上稱聖稱神。高唱「朕即國家」、「我即民意」並不真想跳出宗教的窠臼，看看真正理性的青天白日。這正是我們上師所謂之「選舉上帝」，只是他們一直在選拔暴虐的人充當自己「在天上的父」而已。由此可

知，「選舉上帝」就是人格化我人的具生無明。予無明以格位立之為神。一神論的神是以根本，無明捏造的。多神論的神是以支末無明捏造的。汎神論與無神論只是在捏造型態另採一種範式而已，並無巧拙高下之分。因為神即無明，其所謂善行，可能即是惡因。其所謂福報，也可能就是禍源，故而想藉「選舉上帝」而獲善果，希望微乎其微。

古人說：「良禽擇木而棲，良臣擇主而事」。固屬至理明言，只是現前娑婆世界的凡夫大眾，為無明遮蔽，恆常混「信神」與「學佛」兩個層次懸殊的事為一談，認為神佛無別，都可作為賣身投靠的對象，以致當神的奴僕也當不出個名堂來。因為忽略了上帝

的候選人，也即我們自身內在的精神現象與其外現的環境。有物理的、生理的、心理的、哲理的和更為超拔高邁的許多層次在森羅峙立，其相其用，具有極為顯著的鴻溝，竟而一以「聯想」、「類推」、「交替反應」的低拙方式賦予以崇高的格位，「選舉」之以為主宰。這在人類行為中往古來今是尋常而普遍的事情。如以色列人奉全智全能的耶和華為他們的上帝，說是因為祂為以色列人的福利創造世界萬物。希臘人則以為他們的萬神之主謙斯與下界一個美麗的男孩同性戀。而中國人的「天」則是一位道貌岸然的理學家，他常因為他的兒子，「天子」犯下過錯而降災難來虐害平民老百姓。顯然的，人類選舉上帝這種行為，只不過是賦予自然現象，或一己

的強烈欲念以人性而逕自名之曰神而已。一如王莽立孺子嬰，曹操保漢獻帝那種作為。此外還有些人把生死禍福的根源，所謂「第一因」或「基本原因」予以人格化，而形成祖先崇拜、圖騰崇拜、雜物崇拜等信仰，如拜風雨雷電、拜山岳河流、拜龍蛇龜鶴、拜狐狸、拜蛇、拜牛、拜石頭。南極洲的土人拜歐美探險隊遺棄的罐頭盒等等。再者人們對於自己的心理現象從未透澈的如實認知，分不清孰是生理功能，孰是心理現象，孰是哲思推理，一般常將潛意識當成邪魔，將疾病視為妖孽，或把一己的慾念意識人格化，奉為神祇，名之曰天，而後恣意所為，稱作「天人合一」、「梵我一如」、「上帝與我同在」以為這是宗教的或哲學的最高境界。實在說，這樣

「選舉上帝」，只不過是縱慾墮落，狂妄自大罷了、在這本書裡，我們上師依密宗圓澈的理論，以「曼陀羅創作」的祕意，來解析「觀世音菩薩」、「軍荼利明王」，揭穿了人類數萬年來「上帝之選舉」的內幕。廓清了二千五百年來佛教蒙受的「神密之塵封」，使密宗從此不再神秘，顯露其平易明智的廬山真面目。也給予世間宗教學、心理學、哲學的發展一個寶貴的助力，使之能邁入其數百年渴望而不可及的境界。這樣的悲懷睿智，善權無畏，使人無以贊一辭。

就我國佛教史講，密宗西來，為時也晚。而其際遇，又多舛噩。故在其流佈的歷程中出現許多缺憾。譬如經典的迻譯，多半時間是在兵荒馬亂中靠

極少數人之力進行的。有許多重要的經典不是未曾傳入，即是未曾譯出，學人未克深入的親睹其全貌。再者，戰亂災禍使得師資凋零，文物湮滅，嚴重的阻礙了大法的宏傳與修持。而且在其百多年流佈的短暫時日中，又復遭受到慘重的攘竊附會，曲解污衊，及與門戶之見之攻訕，民族主義者的排斥。在這樣的境遇中，如若再不式微沒落，天理何存。然而這終歸是我國人，是我文化的大不幸，也是我民族史上一椿極不光榮的事體。但，可喜的是近百餘年蒙藏青康的密法傳來，日本東台諸派正傳也復回流而至，給我們一個損益更張，正訛補過的好機會。尤以我上師應運示現，豈非密教在中國否極泰來的徵象。我們若能在上師悲懷睿智的拂煦下奮

發精進，以光大諸祖所傳，會通諸方所得，清刪歧駢，抉除瞽瞖，以顯揚密法真諦，實是當代學人自度度他的正直坦途，也是我們莊嚴偉大的歷史使命。經云：「究竟法難聞，善知識難遇」。如今，我們難聞之法已聞，難遇之人已遇，便當急思「此身不向此生度，欲向何生度此身」。我讀上師這本著作之後，直覺的起了這些感想，雖然拙劣，不失正當。即使淺薄，卻還親切。故而書出與諸兄弟商量、共勉。

一九九〇年十二月十六日
釋明復書於台中霧峰護國寺

目錄

前言

自《生死之道》、《生活禪》、《禪的講話》、《密教之即身成佛觀》、《死後的世界》、《靈體開顯》等，出版與未付梓，均分給信徒閱讀或講義，都受一般之喜愛，但對於真言密教之甚深內容卻無從說起。

一般對於真言密教都抱有一種神秘色彩，有些認為是一種他力之神教，有些認為是古時印度之婆羅門教戴佛教面具的東西。其實都不是，密教在我國自三武一宗之法難以後甚少流傳。扶桑空海大師入唐全盤移到東瀛，自此一千餘年未回本土，我國素來因時代之趨勢，僅大興禪宗及淨土。

大藏經雖然普遍，但對於密教之根本經典，《大日經》、《金剛頂經》、《蘇悉地經》等均無專家宏揚。

一般佛教人士對此非常生疏，經中所記載均是主要綱目，其中隱藏之理則不易露現，一概都是象徵哲學，容易誤會。事相方面似乎他力感，祇是修習儀軌冀能神通發現者往往如是，修了事相後求為其灌頂，其實不夠資格沒有少分開悟，然後再往他方去求神通者不計其數，因此往往被誤為邪教。

弘一大師以前亦如是，後來閱《大日經》而有省，他的記錄中已有說到。

今因信徒們的要求請我談談宗旨內容，其實我亦無法窺見宇宙全貌，衹以通俗的譬喻說些不足道的微毛淺見，引起大家能更深入研究，以投石問路方式，取名『上帝之選舉』，略說概念，甚深的道理難於發揮盡致，遺漏或錯覺的地方在所難免，敬請大徹大悟的大德賜予指導即感恩不盡。

一九九〇年十二月六日
釋悟光謹誌

總論

上帝與萬物之間

上帝這個名詞是中國人的專用品,意謂統領天上天下之偉大神格,自古至今都被奉為不可侵犯的獨裁者,賞善罰惡的政治規範,是三界之統御至尊。

其下有地獄十王,設有十八地獄刑具懲治各種罪惡輕重不同的犯罪者。

地上派有諸神監視人類動物之一一行動,呈報天庭或地獄官吏,善者上天褒賞,惡者入獄論罪處刑。

空中派有風雷雨師，按時行雷佈雨潤澤萬物，風伯吹散戾氣；人類若果作惡戰爭互相殘殺，即命雷神打死；或命風神大作旋風吹倒房屋，又命雨伯降下大雨全部淹死流走所有生活資具；命其不要降雨，不能種五谷失收餓死；或命祝融燒其住宅山林，處罰人類之不仁；或命風神不送和風使人類動物生病以至死亡，然後打入地獄刑治。這些看來甚有道理在，都是人類不順天命自作孽之結果。

有人思議上帝是什麼時代開始登基大寶的？地獄是什麼時代設的？依中國的傳說中，在盤古、伏羲、神農、黃帝以至商周時代，大概都有祭天地的儀禮，可是沒有什麼詳細記載。

地球上之宗教，如古希臘聖教、天主教、基督教、回教、佛教都有天庭地獄說，但是其組織及形態都不盡相同；又其賞罰法律準則亦不同，上帝或地獄王之形像服裝皆有異，中國之天庭建築是北京式的，佛教之西方國土之建築亦因印度與中國而有別，天帝及獄王之服飾都是商周時代的模式。十八地獄之設計都像小說中之桀紂無道所設之刑具相同。

佛教以前之印度婆羅門或耆那教、六派各教，乃至印度教，說法盡皆不同，是否地球上的宗教家之神眼所見都各不同嗎？

依宗教哲學來看，的確是有其界，亦就是有了心感受的人類都不可免，下

級動物之思想比人類較單純，所以境界沒有像人類那麼多；人類的苦樂感受千差萬別，才有宗教勸善的必要，其他動物都沒有宗教之信仰或改善之資格。

如植物礦物都沒有精神的發用，故無苦樂的特殊感受。然我們以為植物沒有覺性，其實不然，只是單純而已。

因為宇宙是一個不知始終的大靈體，其理體之德性括為五大，五大之發用即是識大，共為六大。識大分之有五智之精神德性，原來是各具很多之理德，各理德各具其智德，理德無量故智德亦無量，互為主伴平等之法然德性，各各相涉無礙。

如不同之植物種子，放置一處，其各不同種子未受水分、日光等孵化時是沒有因果之本來基因德性，無論如何都找不出其形態，花之顏色、果之味道、藥性之溫毒等等，一旦受水或空氣等之因緣，所呈現之不同結果就有天壤之別，但其一體積中之纖維水分等物質都相涉為一而無礙，假若一時用火將之燒化即各各分離，等現象滅後若將其瓦斯等收集起來，即與本來之重量亦相等，以量而言物質是不滅的。

其德性在種子中各有其主的特性，其他六大均是具足不缺，其各為主之特性都是宇宙大靈體之動力所支配，故能展開其特性生化之功能，此我們即假名為心，乃創造主上帝的神格。

所以基督教等皆稱上帝創造萬物，換句話來說，即是道，或云佛性，真如本性，或云大日如來，由此觀之：

道與吾同在。

上帝與吾同在。

佛與吾同在。

眾生與佛不二。

依正不二。

心物不二，成住異滅乃道之變化。

天人合一，上帝與萬物其實一體。

吾們若知此道理即能奪天地之造化，
駕因果以冥運。

能和氣在緣起的現象中自在生活。

放上帝與萬物之間是不可須臾分離的
多之一。

別析

一、上帝是宇宙之靈體

不知始終邊際的時空間充滿著萬物之原素，這些無量無邊的原素之本體是光。

原素之性質約括為四種，其光亦括為四色，原素四種互相涉入為「一」，其總和之一而無礙名空，以數而言合之為五，其未發用之前「一」是中和之象故無色。

無色中有四色德性基因，顯之為四色，其中和時是無色之白色，顯色時都是交合色。

光之中具五物質因，五物質因發五智之用為精神基因。

這是括其德性類別而言的，其實其各類德性之中還有無量無邊之特殊基因德性，為發生萬物各不同之種性，這特殊性各各獨立為「主」，其他一切為「伴」組成不可分離的大靈體。此大靈體之內容是動靜無常。

其主使力是無限的「生其物」，亦即是顯現萬物之組合與分離的「絕對力」。

大靈體名佛性、法性，其作用之絕對為羯磨力，其分離作用時為「相對力」或云「陰陽力」，其動而轉顯現法界為轉法輪。

陽對陽時即分離，陰對陽時即合為一，陰對陰時又分離。

如是循環週而復始，支配日月星辰之運轉以及萬物隱顯，乃上帝之傑作，亦是宇宙本體的心之功德，亦即是地水火風空識六大體性之本能。

此功德本能即是「生其物」，它有規律有系統，「生其物」為「主」，其他無限之各自基因德性為「伴」，成為一大體性之大靈體。其中之基因德性各自發揮各自之本誓顯現其工作，它自由發揮功能時，其他變成其眷屬，共同創造一期之使命。

如一國之總統為「主」，其他州縣為「伴」，共同協力營運一國之成敗。各州縣各自為主，萬家百姓為其眷屬創造各縣之營運。每一家庭一人為「主」，家族為「伴」，營運各自家庭之事業。每人之精神思想為「主」，其他眼耳鼻舌五臟六腑四肢十指骨肉神經血脈為「伴」，成一完整之個人，此無量無邊之各自功能合之為一國。

無限虛空乃至小動物或一草一木，皆是此無限之大靈的內容。所以世界是互助合作之團體，緣起之社會。

大至宇宙小至一微塵皆是此六大之一
合相，一中有多故非一合相，微塵亦
非微塵，還是組合體故非微塵，組織
之物故名一合相或云微塵，此是佛陀
在《金剛經》裡所說證明的。

透過這個道理去觀察了悟即是智慧，
這種智慧歸結亦是大靈體的上帝心之
智德，萬物箇個都是大靈體所顯現故
上帝與吾同在。

大靈體即道，萬物是道之顯現，道
與吾同在、一而二、二而一、自他不
二、依正不二，當相即道，即事而真。

二、諸法與法相

諸法是心所法，應該萬物亦是諸法之
濫觴，為分別心所法與萬物故一切萬
物為「法相」。

反過來説「法相」亦是心所法之相狀。
有一切萬物及其活動之心的認識感知
故曰心所諸法。

一切萬物及其活動是宇宙大靈「生其
物」心之功能所構成的因緣所生法，
每一物都有其獨特之基因德性，故其
各需因緣所顯之形相亦各不同，譬如
甘蔗是甜的，梅是酸的，其他一切萬
物各科各種皆不同形體不同色彩不
同味道不同藥性，每箇物均具六大體

性，但各持有其基因物性，否則一切皆一相，人類動物亦復如是。

平等中有差別，差別中有平等，果不如是者，你父我父不能分別，你妻我妻混淆不清天下大亂，所以無一物法相相同者。

又同科類者可以交配，不同科者不可接合，如人類雖有族別但都屬人類科，猴是猴科，牛是牛科，豬是豬科，各有科別，人類要配猴類，或配豬類即配不成。

血型不同亦輸血不得，植物中科類不同者亦配不成，這是自他基因不同的關係。

同受陽光水分土壤肥料卻各呈現不同現象，因為陽光水分土壤肥料各各含有無量元素，各類基因各吸收其所需要成分為一期生命之使命，不可以真如法性是無色聲香味諸法基因的，空無不能成有，各自之基因不同所吸收因緣組合體亦不同，而各基因之本源皆接於宇宙大靈之能力以活躍，故萬物皆屬宇宙心之心所法。

植物礦物及下等動物其基因低劣，組織亦不夠精密，其精神之發用亦單純而守其性，體形色彩味道等都一直凝然不改，而且知覺神經粗長不知痛癢或反應少。

如動物雖知飢餓，具有食性自由之爭，卻無賞美功能，將牛羊豬犬貓鼠以至蟲蛾等類放入花圃中，雖然百花盛開各呈不同顏色美麗婀娜多姿，牠們都不會欣賞而且踐踏無遺，這都是其各自基因特性低劣粗差所致。

對牠們的各自之心所法而言是近乎空白。我們人類之基因德性優秀，其因緣組織之機能都精密微細，所以能思考，充滿著求美與厭惡等無量心所法。

萬物皆具基因智德，物質基因之發用是智德，物質基因無量故智德基因亦無量。

動植礦物只是發用不起來而已。人類雖發用盡致，但所用不及總和百分之一，果能發揮整數之一半，即成為超人，人類還止於自己生活範圍之七情六慾而已。

故每人之生活範圍所發之心所法亦局限其範圍，每個人之心所法各不同，故其趣味與其苦樂不同。

一人一世界，思想感受及信仰都不盡一致。在社會的時空中之共同認識為共業，個人之感受苦樂是不共業。

創造世間法相之美麗能令大眾產生美好感受之心所法是一種法相學。自己創造自己之美好心理是唯心學，二者合併創造諸法與法相是宇宙學。大概佛教之大乘法都依此建立。

三、現象即理德之顯現

現象即法相，萬物依各自之基因德性，受無限之原素在絕對力之因緣組織下，呈現不同之形態，這森羅萬象並非無中生有，是理德所顯之幻影形狀。

如一棟房屋，其創造主宰是設計師，設計師是其心意識為主宰，其心意識是他的經驗感情之潛在意識，將很多材料按照其設計築成房屋，其材料即理德，其設計即智德，完成後看來是一。

但其材料各各相聚在一起，鋼筋不溶入磚塊，石子不溶入鋼筋，各各自立相依為命。

顯現之形象假名曰屋，這屋是本來沒有的，所以法無自性，其材料即宇宙之理德，材料一一之組織亦相同，材料本身之聚散力都是宇宙絕對力，亦就是不靜止的無常力。

有無常故有創造，有創造故有時間與空間，有此過程故有時間生命，一期之生滅有一期之使命。這是理德之使命功能。

宇宙之絕對力賦予萬物之特權是食、性、自由，有吸收外緣來資生自己以汰舊換新是食。萬物有傳宗繼承它的基因德性不滅，故有「性」之理德。

動物到了成熟就發揮性慾，與異性配合創造下一代子孫。

植物到了開花就是成熟期，開雌雄之花，藉風或蜂蝶為媒介來交配結子，將其基因德性收入其中，待後來因緣再繁衍後代。

如是輪轉沒有止境，植物有君子與小人之別，這都是其各自基因德性的作為。

如果子各創造其果肉與味道，使人類或鳥獸愛好食其果肉，它將種子包在其中，用這箇代價僱其將種子散佈各地繁衍子孫。

如草之種子就有點霸性，種子外面生了刺，遇有過往輩就鉤粘在其身上，到了一段時間就刺痛其身體，迫使其拔掉佈衍它的後代。

萬物皆有此特殊作為，這都是其各有
基因德性所使然，有人以此為天地自
然，這種思想看法是天然外道，有人
以為真如本性是一味空白，那麼何來
顯出不同形象色彩味道呢？

又萬物皆具有保護生存之特性，動物
全身生有羽毛以保寒暑之冷煖，毛細
管可以營運體膚之氣溫調節，植物有
其枝葉吸入空間中之氣質，身體脆弱
者生有利刺防衛外來之侵犯，果子未
熟呈顯苦澀勿令外界侵食，蟲類亦各
有毒素及保護色，萬物均有神經，有
痛癢等感覺，故遇到外侵之時，自會
分泌其毒性防禦其生命。

如人類動物比一般更加反應敏感，動
其身體手足避除外患，五臟六腑頭之
各器官均有守護設備，如眼有睫毛眉
毛防止外襲，鼻有鼻毛，耳有耳朵，
口有舌可知食物之利與害，臟腑各有
醫生，全身各部份都有神經電信站，
有總站與分站，腦有總司令之上帝寶
座，組織周密得像一所工廠各司其
職。這都是基因理智不二之德。歸元
現象界即宇宙理體之德性的顯現。其
功能是自由創造，故萬物有自由之權。

四、理體所顯之用即智德精神

智德精神是功用，如一把刀，其體乃是鐵為理德，其各特殊之體形是相，其利即是用，利之功用乃刀之精神是智德。精神發用因其組織不同故表現不同而已。

萬物皆有其用，此即理體之智德，動物即經由神經發生知覺感受亦名精神。

理體之基因無量故其智德基因德性亦無量，二者二而不二故物質支配精神，精神支配物質，如動物人類心驚而肉跳，望梅生津流涎，見色流精，夜夢洩漏等都是精神支配物質。

物質受傷，心神起煩惱感覺痛苦等都是物質支配精神的結果。

精神出現偷盜之心即會命其物質去作為，肚子飢餓會使精神思食，心神悲哀會使物質流淚。

有人誤信以為有一條靈魂宿在物體之內，人死後物質為臭皮囊，靈魂飛出單獨生活，那麼人體摔倒腦震動不能見聞覺知思考，為何靈魂亦會腦震動呢？

植物與動物亦一樣有識大，譬如花卉，有喜歡人類採摘者也有不喜歡者，喜歡者當人起了愛好之心念波

時，它會發出更香更艷之氛圍氣，不喜歡者會發出難聞之香與暗色之氛圍氣。

苗稼用輕音樂會令它薰陶即會欣欣向榮，奏起悲哀的樂章即會使它枯萎。樹木植在房屋邊愛護它，即枝葉茂盛傾向房屋，這種愛之念波是美麗而互相思慕的。

動物亦相同，你一念想要抓牠即會發生恐懼逃走或逞起反抗要咬你，人若生起愛之心，念波所及禽獸都會親近你的身邊結為朋友。

精神不但支配自己，亦會支配他物，
這是因為萬物皆出於宇宙之大靈體所
致。

自他都是多而一的理智之德性的緣
故，其空氣亦無隔離，其大靈體亦共
同之一。

物質亦是去舊換新，食了他物變為我
身，我身代謝排出的東西亦被他物所
吸收成為他身，自他不斷地往來，互
相緣起資助成立箇體單位，我們的精
神內容亦互相往來成為自己所有。

一切之經驗學問感情都是來自他方，
我方亦輸送給他方，互相吸收對方之
經驗學問的結果成為自己之精神內容。

這箇潛在意識就是所謂的靈魂意義。

佛教哲學名五蘊，這五蘊鑄成人格，
影響生前與死後的世界苦樂主人翁。
所以親近的對象之好壞直接影響自己
的生活前途關係莫大於此。

古人云近朱者赤近墨者黑，真是千古
名言。

但反過來看，物之對象境界亦能變
心，心能變物對象境界。心是魔亦是
佛聖人，比如說天空無雲的孤月，依
各人之心的感受不同，有人得到喜
事，這月亮笑容格外美麗，有人失志
或喪考妣或親愛的妻子亡故時，月亮
似乎亦悲哀流淚，依人而異都是心去
改造環境所致。

眾生之業力不同，見物的角度亦不同，佛經云一物四相，雖同是水，天人視為琉璃，鬼看成血河，魚看成宮殿，人看是水，這都是其當時主宰之基因德性（心所法）不同的緣故。

人依時依地不斷地改換心之主宰。不但如此自己之心理亦自會影響自他之心理與物質，如一人發怒時會激怒周圍的人，自他之臉色形象都變得兇惡，以道理而言亦是自他不二的緣故。

自他會引出相同之基因，變成共業波及空間。蘊成天災地變人禍，都是共同智德基因（精神）影響理德基因德性使然。人類之戰爭殺氣德性喚起宇宙殺氣德性即社會災禍不安，這是理智不二之寫照。

五、相對之認識感知日心

動物人類之心是明顯的認識感知，人類動物的腦下皮層活動雖有差別，但其反應是相同的。

眼耳鼻舌身五感覺神經，與外界接觸時其喚起理體之智德（識大，精神元因），顯起認識感知，這起初之剎那的直覺狀態名心，這心是宇宙大靈之智德，佛家曰佛性或云覺性，此覺性一動即叫醒在睡眠中之無量無邊的各不同之基因德性，這些德性基因有各自之使命，這使命之欲，為各自之欲望使命即發生競爭，加之前生的習性基因之慣性勢力，就現出其行為作業。

好賭之基因德性，見到賭博即行賭博，好殺之基因德性出現時見到可殺之因緣時，即行殺業；好施之德性基因出現即見到應施的場合時即就行布施；學道的基因德性出現時聽或聞「修道」即開始修道；各各之行業皆與前生之慣性業力有關，否則只有起心而動念的。

修行即是修心，勿使心之流動支配身之行動，所以佛家之靜坐都主張心之靜定，心物不二故心不動即身不動，身不動故心比較不會動。

但心是靈物，身不動中心亦會動，故要靜觀心之起處，心動就是自己暗示的端的，是一種未出聲的語言，是喚醒基因德性之動力，眾多之基因德性

出現就鬥爭了。萬物是道體之顯現，所以道體不是死寂靜止的。

若果人類動物將其宇宙大靈的心（業力）制死，即不成現象，不能生存，食性自由全廢，其實這是不可能制止的。

下等動物之組織魯鈍沒有反省功能，故永遠守其基因德性，要轉成高等動物的人類是難的。

人類的心能夠反省，可以引出高尚德性而昇華；若果引出下劣德性，如與下等動物相同即會投生於其同等的動物之中，所謂一失人身萬劫難復。但不得「無心」，「無心」即同死物，亦是焦芽敗種，有如種子用火烤過就不

能發芽了，那麼就無法活動為社會服務，如果人人如此，世間是否變成死寂？

禪宗的祖師們都說：「莫謂無心便是道，無心又隔一重關。」

應以了知起心，去喚出佛菩薩之基因德性來活動。不知此心是活動的支配者，就不能喚起良善之德性。要知此心是宇宙大靈的理智之德，見了此心之內容即見性。我之性即宇宙法界之體性，是佛性，是法性，是理性。

六、未起用即無心

宇宙之本性是動靜無常的，一動即生心，一靜即無心。「有心」、「無心」是動靜之狀態。

禪宗力說安心，慧可問道於達摩時，慧可請達摩安心，達摩說：「將心拿來，我將你安」，慧可一時啞口無言，無言即心之言語道斷，答云：「覓心了不可得」，達摩云：「我與你安心竟」，慧可自此了知心之內容，成為他的接棒人。

道家之煉丹就是煉心，煉到無心可
煉，心神歸太虛曰煉神還虛，連這箇
虛字的觀念都沒有了，即煉虛合道，
都是人與天溶合，融和為天人合一。

本來是一的東西，何必合一，頭上安
頭！都是經由一種手段去了悟自己即
是道之化物，是佛性之顯現而已。但
此境界的無心，道家的《慧命經》等都
說：「有時四大昏昏醉，借問青天我
是誰」。這種無心佛家的羅漢亦相似。

一切行為不加思索，遊戲人間，心生
起生活動作，皆以事過境遷不加追
憶，所謂行者應無住生心，事來即
應，事去勿留而應酬，就不會生起煩
惱。

其實心無自性，自性是心之動力，心若有即心不能滅，心若無即不能起，有心無心是現象上觀察的，我們的心即宇宙心，宇宙心即宇宙理智之德性，是常住不變，無始無終之不知名堂的怪物。

七、認識感知的分別是意

五根對境之感應是心，心所分別是意，前五根是刑警，意屬檢察，不論好壞均予以起訴，然後分別，分別應屬判官，檢察判官悉皆法院之主要角色，都屬意的範圍，分判後之記憶潛意識即五根所收之影跡，即五蘊，記在識大之中故名藏識，俗名靈魂。

所有之心所法即後天活動之跡象，於生存中的見聞知覺，有好有壞，好壞之判斷即是各自具有的無量無邊基因之認識；如殺生一事而言，殺毒蟲亦是殺生，殺無辜的動物亦是殺生，然其評估不同；有人主張不要戰爭，有人主張戰爭，其多數的主張為正，反之為邪；戰勝為君，但未必是正，戰

敗為寇，未必是邪；我人心所法基因
亦佔多數者為正，佔少數者為邪，依
環境之需要各自界定其主義法律。這
意即各自基因德性之見解。

如撲滅害蟲是社會公認之正規，可是
於宗教信仰而言一定反對，各自之見
解不同。

我人之身心是一箇無限基因德性之共
同生活戶，亦像團體或國家一樣，人
多意見多，是極其民主的，要做一項
事情都經過大眾之決策才開始履行的。

假如要去做偷盜行為時，經由五根呈
報，意根好析，然後喚起全部之基因
德性出來決定，善的基因德性不夠
時，惡的基因德性得到多數決，由其

前生之偷盜基因德性為主導，開始發令行動搶劫做偷盜行為。但後來常會被善良之基因德性指責、時會生起懺悔之心，所以善惡之心理是人皆有的。這亦是人類之反省功能，下等動物就缺乏這種反省了。

善惡之別止於公約範圍，順公約（法律）即善，違背公約即惡，以德性而言難以定其標準。

以宇宙而言善惡皆是其所具有之德性，一味平等，否則惡人就無法呼吸生活下去了，可以說本性之本源是清淨無罪的。

害蟲以人類而言是惡，害蟲之族群即以為善；殺人魔王之眷屬都尊其為善，人間之黨派亦都以自黨為善他黨為惡，為了自己之生存不論任何手段的作為都為是，而以對方為惡想盡辦法打倒對方。

善惡之爭是現象界之相對論，這些「意」之內容是競爭性，有時以為善意有時會變成惡意，雙方的勝敗是依大眾決定的。

古來忠臣死於奸臣之下是戇忠。

有人附和於奸黨之下是偽忠。

有人透視了真理入山隱遁不干世事是
真忠。

但對世間而言是不濟與事的，這些人
之意都有偏頗，應該出來說服有正確
思想之輩，然後打倒奸黨才成。

「意」之分別是透過理智來分別才能有
足夠的認識與行為。故宗教有防意之
教訓以及戒條之軌範，使人類不可越
其各自的公約。但其「意」本身即極其
固執，亦名執法，判審即依其公判執
法，相同之一事判法獨立，或有善判
為惡，或有惡判為善，隨意獨裁維護
其特權，依其經驗看法基因來決定。
所以自己「意」之抉擇與外界之公論
往往發生矛盾。

八、心意之起伏狀態名念

「心」一起即喚出無量本有基因之意見，一堂一次的論辯即一念，次次論辯即是念念起伏，這種國會是極具民主的論辯。

人類之生活方式千頭萬緒，各式各樣都有辯論會，一天廿四小時中沒有間斷，日夜的不斷爭議是極其疲勞的，這種念頭之起伏是為生存保障的結果。

不干政治的方外僧人亦不例外，為各自之安全感起見，一念一念地念念相續招來信仰對象鎮在殿堂，令其諸多的基因群眾不敢抬頭出來爭議，使其心平氣和，廢除自心之國會及諸院代表，成為無政府主義的共同生活國。

人對人之間好像國對國的關係，自家打掃門前雪，莫管他人瓦上霜，這亦不是上上之策，社會人類是緣起的生活圈，你不關我，我不關你，會被人經濟封鎖，終會自取凋零。所謂獨立自私無法得到外來的生活資糧豈能生存。

大至社會小至自身不得離開緣起法，我人一身是無量理德基因所組成，故云身之數量無限，身之數量無限故心之數量無限，心之數量無量故念之數量亦無量，一念有空間的十方，有時間的三際之時，一時有一千剎那，三際有三千剎那，一念中具有三千剎那，其實不止三千，是無量的，一一皆是心念，一一心念即一一心所法。

人與宇宙同體，宇宙之心所法基因無量故能生起萬物現象，萬物各各具此基因故能成為繼承宇宙生命之偉大使命者，自由創造者，發揮其絕對的價值。

宇宙是活物，萬物皆其活物之基因的顯現，故人類之心念即大宇宙靈體之心念。

心念不能滅掉，果能滅掉即萬物死寂無存。宗教家主張念起是病，不續是藥，可能是指惡不可相續吧！

又無念是無惡念，不可無善念。

不怕念起只怕覺遲大概亦是只怕惡念起而不覺知的警策。念是創造生命之前提，念是理念，理德之活動，活動即生殺代謝，生是顯，殺是隱，顯現隱沒即呈現時間與空間，時空之交錯即生命，生命之長短是現象的觀念，其實宇宙生命本性是無始無終的。

其無常之活動本身是永恆之常。我人之心念並非我個人獨有，只是各人之基因德性的動態範圍，都是宇宙本性「生其物」之動相。

九、心是宇宙大靈之活動

這箇無量無邊的宇宙大靈造化爐中具有無量無邊之萬物生成原料基因德性，在不斷的週期律性活動中發生分律作用。

分律中有同類相翕與同極相拒作用，同類相翕即基因系統同科之謂；同極相拒即同科中之同極者，同科同類之種族相成其黨。如梨接蘋果等；同極者如陽與陽，陰與陰相拒，這種力能之動相就是宇宙心。幻現之現象悉皆如此。本來總和之德性，由其週期律性的動而分律，它有和合之德性，故在將和合的剎那發生愛的熱能生成愛之結晶的奇葩，呈現各自基因之萬物形象。

各物各有與宇宙同等之無量基因扶助其「主導基因」，還受宇宙總和之大靈的活動（心）之支配，亦不斷地分律作用，故能代謝；好像一箇溶化爐，鑄造又溶化，這箇就是宇宙大愛的心。

愛之終極是恨。

生其終極是殺。

物極即反是不可移的理則。

故現象萬物是相生而相剋的；看來人類之戰爭與和平是循環性的，可以說太平是戰爭之準備。自私是人類動物之鄙劣德性，唯有善良理性的人才能嘗此味道，並勸導其緣起生活的道理，創造和平的社會。和平就是中和之象。

人們在現象之生存中若果是低劣之基因德性為主使，其招來之黨羽都是鄙俗低劣自私，死後所蘊之潛意識低劣基因聚成念力單位，飄動於靈界，稱謂魔鬼。精神昇華的人死後之蘊聚凝成單位謂神，都是善惡之別。

鬼神與人皆是宇宙大靈（心）的內容故，我人一念生起不善，即會鉤來不善之鬼靈。人本身就不得平安，若果是中和之心，即不被其騷擾。靈界之鬼神如電台放出之波到處都充徹，人如收音機一按其頻率即會即刻收到鬼神之念波，就在自己身心中作弄了。因為宇宙大靈之心是共有的緣故。

十、人心之基因德性即其人之上帝

人類之基因德性千差萬別，各人有各自之世界。

前生之基因德性若豪爽慷慨，其慣性業力剛強，今世亦繼其勢力活動在其生活當中都會發揮其威力，表現出氣吞山河的英雄氣質，其結交之黨群亦類似慷慨豪爽，趣向相同成為盟友。

好賭之基因德性即見賭思博，不但支配本身並且亦會吸引同類，還會叫醒他人的睡眠之賭性基因德性出來領導主使其人，本來不賭博的人變成會賭博。這基因德性是貪欲自私，貪欲自私之德性孤獨，它的世界黑暗如雲覆蓋不見光明。

慷慨布施的基因德性出來主使者，多受大眾之喜愛光明磊落，此主使基因德性支配其人生，各各不同故，各各之三限榮枯變化無常，都是自己之心理德性之傑作，我們稱它上帝。

一種基因德性出來當上帝，其他無量無邊之基因德性為其眷屬。宇宙萬物之創造神上帝是不變的。

這是理德，大毘盧遮那如來、佛性、法界體性、真如本性、六大體性。人類之上帝可以更換，因為人類之精神反應與眾不同，這是理德所顯之智德不同故。但其體性即不異，上帝以自己之形貌創造其物，當時主使之上帝的形象若像猴，創造之物是猴，其主使的上帝若像牛即創造之物是牛。

其主使基因德性雖各不同，但其材料
即不異，人有美醜，心有六欲七情。
其創造之物與其心所法自會不同，有
人長壽無病，富貴美貌聰明，有人醜
陋貧窮短命或殘廢，都是它的上帝造
錯人，它的政治企管不週，我們不可
以受賄，被它戮害生命。

有人口是心非，行動乖於言論，即是
心之基因德性的上帝未定位，互相競
爭的狀態。

如精神病患即心之基因德性混亂狀
態。基因德性宿於血氣之中，主宰者
若未定位，即血氣亂沖上腦，競爭其
意見爭取主使者之寶座，以致國會
大亂大演鐵公雞，其人即成為狂癲狀
態，國家無主，人民受難不堪，法律

無緒社會紛亂，豈可忽視。

天地有定律，人們有規矩，遵循法律規矩的不自由中才有自由生活，心性之基因，上帝的德性勝劣，關係人生之好惡不言而知。

十一、上帝創造萬物諸法

宇宙無量基因德性的總和之絕對力即是毘盧遮那，是最高的上帝，賜予各基因德性有自由創造之特權。

其各自之基因德性（種性）為第二次元之上帝，其他是子民，由其上帝的設計而子民共同協力創造其物，初由設計而製圖，然後聚集材料造物，其物即法相。

其設計的無形繪面即諸法，諸法收藏於密處，需要時可以隨時閱覽，即藏識（潛在意識），這種收藏之檔案永遠留存，此藏儲寶庫裝有鐵門，水不能漂，火不能焚，堅固不傾。

上帝為實行他的理想創造，常往此鐵塔內翻閱檔案忙碌沒有休息，它沒有日夜之分不斷地上班處理公事，為保持自己國土之權益，遇有外來侵犯即派兵迎敵。

有些自私的上帝忘記他是最高上帝之兒子，殘殺其他兄弟，一邊要兄弟們供他經濟，一邊不想回饋代價，獨霸天下成為眾敵，有朝被兄弟封鎖經濟，他的國土子民無法生存，連他的帝位亦被人打垮，這是他之基因德性惡劣的報應。

每個人或物，其全體資糧具，都來自他方，經由自己運營創造生存的。

譬如一人住宿於孤島，外無一人，自己所需之糧食要自己做，衣服要自己種植棉花，自己撚線，自己織布，自己製造剪刀，自己磨針，自己轆針孔，自己縫衣。要鹽油味素需自己製造，其他所需物品可以齊全嗎？那有汽車、飛機、火車、房屋等應有盡有嗎？還有電話、電視、電器用品以及醫藥都來自他方的，為什麼不回饋社會！

又我人的思想學問悉皆來自他方，吸入父母兄弟、師友一切社會的現象，變成自己所有，更加自己之批判鑄造心意識之內容。創造是心之基因德性心王之活動，歸納起來本源是宇宙大靈之作業，亦即是毘盧遮那平等理智之性德，都是心物（理智）不二之萬物體性。理德由智德而動，智德由理德而顯，二而不二。多而一，一而多之靈物。

十二、萬物與我

萬物是宇宙之六大體性所顯現，理體中有智德，有此精神原因之智德故有生機，有生機故有彼此相對之理念，有此理念故有我之存在，這是萬物現象界的狀態。

這個我是維護食性自由特性，各各之我的本源都是一的。

依宗教而言不要存有這個我，但是有了這個我才有競爭創造，為發揮自我之理想，才有發明，發明的結果雖是它自我之榮譽，可是對於社會之貢獻莫大。

各各之我的創造波及各各萬物之間，
彼之木頭若沒有我去拉來利用，其物
變成廢物，彼若不利用我，我亦變為
不長之物。

每一件成品皆是聚集諸多之不同物來
組成，這是緣起法。

緣起法雖無自性但都有一期的互相利
用性，這種互惠自有其感情存在。

感謝彼方諸多物成為我物之心，名大
悲；因為我若缺他之一我應不完全，
都是愛其諸多之一一的，無論有情無
情皆如此。

萬物與我是須臾不可離的關係，人身以及萬物、家庭、社會、國家亦不例外。

這些相生相成推及輪迴各道，他可能前世是我親，或我子，或夫妻、或朋友恩人，現時雖然沒有證據，但有其因緣之故，見面時似有一種吸力，非常親善而感情特別親愛。若是過去世因自私而相殺，現世見面時就會生起嫉視感，或生起報復殺機，都是本來一脈相承的理則。不但如此，其萬物本性是共同的，只是各自之主宰基因德性不同。

這萬物個我之基因德性好像很多不同之種子放同一箇瓶內是一，不同之基因各自獨立，其種子未遇因緣之前即清淨平等，若遇因緣和合即呈顯分別，所以平等中有差別，差別中有平等，萬物與我是差別，但天地與我為一，萬物與我同根。

十三、基因相涉、理智不二

宇宙是無限之德性基因的相涉體，其理德之中有智德，合而為一的體性，體性是光，基因無量故現出之色相亦無量，括之分為地水火風空五大，其色亦括為五色：地黃色、水白色、火赤色、風黑色、空藍色，其識大是五大所顯故五大色之交合色即雜色。

因為基因不同色彩亦不同，形亦括為五種：地方、水圓、火三角、風半月、空團形，物皆具此五大，故悉皆五大之交合形。未顯現之前不見其形色，只是隱而不露之德性。德性本體就是空，顯現就是有。

譬如冰與水，或水與氣體，水是空，冰是有；水是有，氣體是空相。色不異空，空不異色，色即是空，空即是色。

《涅槃經》中說：「一切眾生悉有佛性」，佛性是覺性，亦是宇宙之大靈業力。因理智不二故，亦說佛性，亦說如來德性；一切即顯現之所有物；眾生包括動物植物礦物，都是形成顯現之物；悉有即凡所有物，三句其義相同。因為昔時翻譯之時文法如此，要比較容易理解起見，應該在「悉有」之下加一「即」字、讀起來即成為「一切、眾生、悉有、即佛性」。

亦就是凡所有萬物即是佛性之顯現了。

一般以為一切眾生都有佛性在其中。那麼可以說：一切冰皆有水，變成水是水，冰是冰，冰中有水，水與冰成為二物。水即冰，冰即水，離水無冰，離冰無水。萬物或云人類都如此，有人誤會身體是臭皮囊，裡面有一條靈魂，變成二元論，佛教是不二法門，靈肉一致之，道源禪師之《正法眼藏》亦如是說。

一切經典未見靈魂說，而是業力說，此業力即羯磨力，亦即是宇宙大靈體本性之力。

這種力之來源難思難議，亦不可思議，這種力量宿於各自基因德性本身。

動物如牛羊犀等著牠有生角之基因德性所以會生角,不是他造是其基因德性所顯,無角之基因德性即不會生角。基因德性亦名特性,有角無角其基因德性相同。有角者即是有角之基因出來登上帝寶座主使而已。

有人頭上生了一隻角,這都是生角之基因忽然上陣所顯現的結果;有人屁股生了一支尾,這亦是生尾之基因忽然生起作用的結果。

植物亦相同,基因德性都具有理智二德,含羞花都有神經的敏感,人手一觸它的葉就收縮;花生科類,如田青或類似之植物,它的葉夜間就收合,日出就展開;葵花會向太陽轉,都是智德(識大)之明顯的證明。

花卉草木種植於盆中放在屋裡，日久它都發揮其智德爭取自由向光明方面伸出，可以證明它的精神作用。大概也具有病癢作用罷，我人不是它，怎知它之感受，因為它沒有哀號的機能組織，或它之哀號聲我人所不懂，我們不覺知吧？

世間所有我盡見無不是如來身相，山河大地無不是法王之身，溪聲鳥語豈不是祂的歌唱！

十四、理德是物質原因

物質是如來理德所顯，隱顯是它之活動，顯現物質之後不斷地創造。

有吸收土壤肥料空氣陽光雨露新陳代謝之自律功能，有開花結子呈現色彩，凝聚其特性（氣味藥性）等的功能，此為植物理德，礦物有凝固其特性之藥及特殊光波等理德。動物人類有五臟六腑，神經骨肉六根等功能，這些各不同之功能皆是其基因德性各自不同之隱藏理德的作用。

各物各自基因德性為主，其他諸多為伴，互相協力的結果。基因種族各異，其顯現之德相各異。密教胎藏之諸尊各各都是象徵其基因德相，宇宙

之基因無量故曼荼諸尊之數亦無量，
現圖所繪諸尊即僅取主要部門之主而
已。

基因德性未顯之前如處在胎內的狀態
故名胎藏，接近中央部份表漸近覺悟
之理性，愈遠表示愈迷之眾生性。每
一物之中悉具此無量基因之集合體。
其主要四如來即四理德，四隅四菩薩
表其扶助功能，各統無量無邊之基因
眷屬，總和為法身如來大毘盧遮那（胎
藏大日）。要發揮功能顯現其德相之
時，各自之基因特性即登於其上帝寶
座領導其無量眷屬，共同協力創造其
世界。

一物一世界，一微塵一世界，無量世界無量如來，無量如來即一如來，一如來分身百千億如來，如人一身有諸多器官合而為一，各器官有各自功能，眼不能聽，耳不能視等各自守其使命崗位。小至一塵一物，大至宇宙皆具此理德。

物或人若缺一德即成殘廢，家庭、社會、國土，若其中一人缺德即家庭社會國家殘廢，因為小是大之內容，大是小之全體，大小息息相關，豈可視他人為敵以自戮其身。如來理德與萬物理德是空有之一物兩面觀。

十五、智德是精神原因

理德之發用即智德,理德基因不同故智德之功用亦不同,理德之力是能,智德是能之反應,其根源皆出於絕對力。

如電氣是絕對力,用品之構造基因不同,電器通於馬達是轉動的,通於收音機是出聲的,通於燈炮是發亮的,通於電視機是有聲有影的,等等作用各不同。

對於渴望或爭取自由,萬物皆有,但如人類更加厲害,人有愛美之特殊智能,為愛美故生貪,為貪為自己所有故,種種欲望發生,貪欲是人之所好,貪求不到即生瞋恨,瞋恨故想盡

辦法爭取，以不擇手段故妨害他人利益，做出違犯公約的作為。

違犯公約名罪，如果只有自己一人住於孤島，即其作為就不構成罪，大概罪是止於人類吧？

貪欲本不是惡，若果貪欲擴大，貪一切眾生盡歸真善美之懷中即成聖人，聖人之心大如宇宙，欲滿天下，這是大貪大欲，將一切以種種手腕盜來善人之中，豈不是大盜，古人說聖人不死大盜不止，似乎是說這個道理。

若人貪為自己自利即違犯公約戒條，失去互助緣起的社會理則，而瞋痴亦復如是。

作善作惡皆以公約為準則，起了一念時善惡基因群起，經過論斷之後，多者為勝，如自私之基因勝利，即由其主使開始行動作為，善之基因勝即制止；見到行善之事時，善之基因勝即行善事，惡之基因勝即不但不行救濟反而乘危打劫。

因為人類之組織特殊，亦即是人類具有之理德特殊，幻出之精神亦特殊，這種智德與理德同數。精神是指反應感受力量，依其環境而感受有異，其感受亦由其不同智德基因而有分別。其分別之感受即是它的心所法，諸法印象於識大儲藏，即藏識，它有時空之交錯為它之世界，這世界就是它的智德基因之總匯。心術諸法是對境當體的感知，感知即自己之心基因智德。

故境即心，心即境，離境無心，離心無境，心物亦是不二。

一位生來就盲者，而他的心中沒有色別，由其觸覺而有形相。聾者不知人間音聲，沒有意根媒介即心無境，無境而無其心所法。

見心所法是後天的產物。智德本性是清淨潔白的，基因德性經過媒介而發揮其特性作用變成心所諸法，心所諸法經過論斷以後才開始行動，心所法多，意見亦多，即幻成煩惱。

那麼請它不要鬧意見，大眾靜下來，精神作用就回到本位之自性智德了。

十六、德性基因非因果

因果法現行法即因緣法,基因德性是法泉自然本有,物之現成是組織法的因緣法,原料即本有,本有是諸法與法相之源,本無未動之前是無形無色無味無香無聲之性體,它在萬物之深處脈動著。人類用深的空慧才能看到其動態,迷於現象的人就無法了解。

有人以為物質滅後什麼都沒有,這是斷滅見,以為神之寫生即邪見,了知是德性之顯現即正見。這種甚深秘密是釋迦牟尼發現的。開悟的當時發現整箇宇宙是光明,光明中有動相如星之閃爍,即本性基因之動態,細察基因德性數量。

宇宙基因德性與我之關係，成為華嚴世界之內容，其性德是常住本然具有，互為相涉無礙地組成萬物，這是自證量，說來無人可以領悟，其理德名如來，其發用之智德名佛，如來與佛二而不二。

組織萬物之原動力即基因德性，基因德性為主宰，緣其他之類族組出其形象，這形象或我所感知之心所法皆屬因果法。

一時之組立故其物無自性，有物就有其名相，都是假立之名詞，但其原料是常住的，可以不要迷著其物之形象，直接認其物即本性，就變成當相即道，即事而真了。我人以為現象是

現象非實在，亦不正確，還是現象即實在。

因果是世間法，實在不是因果法，基因德性本來具有的，經云：遠離因果法然具。

但是吾們的現在精神已被外界所騷擾，壞的基因佔了大部份。

亦想賭博，亦想飲酒，亦想怠惰，亦想遊闖，亦有部份指責，亦有部份鼓掌，真是百感交集，侵佔整箇殿堂，無所適從，連夜間都吵得不得寧靜入睡。

偶而魔鬼出現，偶而佛菩薩出現，這都是善惡之基因德性的出沒狀態，可當為戲論，都被戲所迷。

本來沒有此事，為什麼認為真實。戲演到悲哀我就感到流淚，演到喜劇我就捧腹大笑，豈不是狂人。有人被佛菩薩的基因侵佔，心中殿堂充滿平靜，慢慢聽到般若心經的聲音，出自萬物的蠢動之間，將我們與萬物融在一起，這些人都是覺悟到它是萬古不死的原人。

亦就是精神回歸於本源基因自性的靜止狀態。這時的德性乃非因果之本體。

十七、諸法與法相是因果法

諸法是心所法。

法相是萬物，有了心故萬物才會被心認識。

有了萬物故心才有其形象，萬物與心是有密切關係的。

事相之因果亦有密切關係，因即果，果即因。

譬如不慎為因，跌傷為果，因與果同時，傷為因，流血為果，因果亦同時，流血為因，發痛為果，因果同時，因而果，果還因，最後是報，果不能止，果若止即無因。

上述為例，並不是以前就有跌傷之因，而後來經過一段時間才跌傷，現象之事相的發生是沒有前因的，這是因緣法，緣起法，無常住不變的。

萬物之基因德性是法然具有，但其現象之組織亦是緣起法。

若不如是，現象萬物就不能代謝變化，小不能大，亦不能滅。

先天之基因為常住，後天之法相即無常。

有人以無常為死神，若沒有無常之恩賜，愚鈍不能聰明，大地不生長養，萬物死寂，沒有新物出現，且病不能癒，亦不會有死傷，心亦不能吸收外來之感受，喜笑哀怒皆無。

法相無常故心所法亦無常，今日所吸取之認識，明天或許認為不對，即使作惡也會遷善。

人怕無常，以無常為奪命鬼而大驚小怪。無常故，有時間觀念；有時間觀念故，有壽命觀念。無常即是壽命本身之現象，若沒有現象之無常即無壽命。

這壽命亦是後天之緣起因果法。沒有現象之空即常，常故壽命亦常。

根本常即無常，無常即常。

吾人迷於空有之相故有物之壽命長短之分。

到底是空性，空性壽命是無限無際的，物之有，本身就是空，空性中之「生其物」無常性之常性即生命。

活動中之現象的諸法與法相皆是因果法。因果法即時空之法。

時空者宇宙，世界之謂。有形相故有空間之界限，有生滅代謝故有時間世壽。

宇，空間也；宙，時間也，時空是二
而一的。

有空間之遷異故有時間之分別，都是
一種抽象觀念。

若心所法取相即著我、人、眾生、壽
者相，若以法相取相亦是著我、人、
眾生、壽者相。

現象及心所法皆是假法，不可執取。
真法者法性，即「生其物」，不可思
議之如來功德力。因緣所生法即是空
性，「空」、「有」根本一物也。

十八、人及萬物悉皆宇宙之縮寫

宇宙間之自然理德六大體性為如來，其發用功德之精神原因為智德，智德覺知名佛。

萬物悉皆此六大顯現，其理智之實相空，依其各自基因之自律動態而顯現法相萬物，由其生住異滅之活動功能而有差別相。

即有我、人、眾生、壽者四相。

心是認識感受基因德性之有的現象狀態，但其未發用之本體是睡眠狀態之寂滅相，寂滅相是空相，發用即成心所諸法，物質現象之法相乃是由心之

「了知」基因德性，認識感受而成為心
所法諸相。

兩者都是一之多，多之一。宇宙實性
與我人萬物都是不異而異，異而不異。

我人萬物只是各自之基因德性不同而
已，皆六大體性之顯現物。

一粒芥子藏須彌，一毛端納四大海，
宇宙與我同體，萬物與我同根。

無量恆河沙數眾生即法身毘盧遮那，
一一眾生即一如來之縮寫，一一如來
即法身如來之一一基因德性，顯形
法相也相涉無礙，顯心諸法也相涉無
礙，一物一世界，萬物共同也。一世

界未顯現前之寂滅相即不名世界，寂滅相之理智本性是沒有時間空間的。

萬物悉皆如來德相。

父母所生身不可毀，父母也是如來身，都是佛身，傷害身體即傷害佛身。

有燒身供佛者豈不成燒佛，敬佛而燒佛是否可以給佛歡喜？

我身燒傷自會感覺痛苦，感覺痛苦者誰，一定是心，心是佛故令佛痛苦安可為否？

你以為佛與眾生是二物，那麼眾生永遠不能覺悟成佛，佛看眾生是佛，害眾生即害佛，教人不要殺生，你若燒傷或殺害擬以供佛，即會被其大慈大悲之心所唾棄。

父母之身心有病即佛有病，有敬佛之心即需治好父母身心之病，父母無病歡喜即佛歡喜。

兄弟朋友也是佛子不得傷害，傷害即父母佛會悲哀。

我們之一切皆來自它，為什麼傷害恩人。

你我之間都是法佛之血緣關係，令人生氣即會令他血液氧化，變成酸性而毒害他之全身細胞，使他精神苦痛，甚至發生病患，這也是殺生。

令人生氣即是自己生氣所致，自己生氣還是自殺行為，自殺兼殺他是最大的罪惡。

令人歡喜就是功德，自他有利，所以愛語是自他造福的根源。

不但人類，萬物皆是如此，大眾造出惡業，這惡業之氛圍氣波及社會，即會發生疾病瘟疫的流行病，社會中之一一分子還是被其侵害而感不安。大眾若造起喜悅的氛圍氣，社會即能溫暖平安，自己亦會無恙。

萬物是宇宙之縮寫故，有著絕對的牽連。

自己造惡是向天唾啖的行為，自作自受。

十九、我心即宇宙心

我人以及萬物之動相就是宇宙心之動相。

宇宙心之動相即所謂本性，我人不知反觀自心之動相即迷著事相所致，隨其心所基因德性作為曰隨心所欲，作出違背公約行為蘊成公憤。於宇宙自然理則是無罪的，但在緣起的社會是罪惡的。

我心即宇宙心故與萬物相通，心之念波好像電氣一樣，心念一起就影響他人，其波長瀰滿空間，對方與我之頻率若相同就會即時感應，近親血脈之間或親愛的人之間最明顯。

有時親友來訪，未來之時一起動念，
其念波會即時傳達於對方，對方會現
出其人的幻象於心靈上。

有人在遠地旅行中，其家人發生異故
或死亡的時候，一心念其旅行中之
人，其人心中即會有不安情緒憶念家
人。

有人在靜定中也會接到外來的波長，
將要發生的事相會呈現心靈之上。

外界的某因緣將影響自己本身時，其
因緣構成之波長會提前傳達，此乃是
某事相之無相塑像已經構成的關係。

這不是宿命論，或定命論，是因緣論。

人若知此可以破壞其所以然。

將自心的念波抗住就能斷緣勿使因緣會合成就事相，這是宗教哲學之特技，人之念波不斷地放射即會鉤引事相之發生。

念波發射善的就構成善的事相，發射惡念即會構成惡果。

發射佛菩薩之念波即鉤出佛菩薩之德相，發射魔鬼念波即會引來魔鬼侵犯。巫師召請鬼神就是發射鉤召鬼神念波，引來鬼神附於乩童，乩童變成雙重人格，雖一時通靈，若其鬼神生前生癌致死，其人被其同化，精神影響物質的原則下，其人以接也會生癌。

這些關係視其人平素修養之頻率而定，修養夠高的人頻率高，與鬼神頻率不同即不會受其侵入。

高級靈入於高頻率的人心想中，低級靈入於頻率低劣的人身心中。

高級靈不會有什麼特殊動作，如大官不會像下級的小官脾氣大。如果引來黑道人物入宅，即會耀武揚威，會使你雞犬不寧。

很多人喜歡啟靈，夢想神通，往往引來邪靈，請它指示明牌，終於破家蕩產，辭也辭不去，吃盡苦頭。

太虛大師命他的弟子往日本學真言密教，但可惜日語不通，然後轉往學藏密，在邊疆一位喇嘛教他先修學護法神，才能護持其學密宗大法，修習護法神的時候，引來一隻狐狸精，他發現後辭之亦辭不去，終於被狐狸害死。

但是不管怎麼説人都是好奇的心理作祟，學佛法希望發神通，所看到的神通力都是鬼神的外力所現。

鬼神還是靈界中之物，並非法佛理德之範疇，對於真理未開悟的低頻率人會被低頻率之靈侵入同化。

已經證到理德本性的人一定不會顯耀
真正的神通，人心雖是宇宙心，可是
基因各不同故，世間之習性各不同，
頻率也各不同。

由此而有眾生與佛之分。

但身心都是宇宙之全體。

二十、宇宙本性之無量基因德性
是上帝之選民

宇宙本性之中有無量無邊之基因德性。

如果樹各有不同基因德性，梅是梅之形、花、果、味、香、色、與龍眼樹不同，其他萬物亦各有各之特性，人是人之基因，牛是牛之基因，豬是豬，雞是雞，鴨是鴨，其他虎象獅豹猩兔以至甲蟲等等森羅萬象，皆持具不同基因德性。每一人每一物都具有無量基因德性。這些無量基因也分有黨派，這黨派就是科別。

如植物心之龍眼荔枝是同黨可以交
配，梨蘋果棗類是同黨，李桃梅等是
同黨，植物及下等動物因其組織粗
劣，精神作用不及人類，所以本有基
因不能變動更換，一直奉其本來基因
萬世一系地相續，不能改變其味道及
作為。

人類組織精密反應靈敏，時時會換其
心主宰基因。

有時惡的基因德性上台即行作惡，有
時善之基因德性上座即行善事。

各人各不相同，各項心所基因競爭激烈，每一事都發生上帝寶座的選舉戰，心所基因德性是民主的，大家都是上帝之選民。

當選者登上帝之寶座，有時上帝受賄貪污，即會惹起眾怒，將其權限取消下台，另選賢明之士出來領導，但是黨羽之勢力也大，惡黨多即無法罷免，只是由其掌權，以致國家傾覆，百姓墮入無日的天地。

人之一生榮枯都介於自己選出之上帝的創造。

廿一、上帝之選舉

心之秘密深藏之無量基因德性，千差萬別。

有總德之如來基因德性，有菩薩之基因德性，有眾生之基因德性。

各有七情六欲之基因德性，有生殺之基因德性，有強盜之基因德性，有妄偽之基因德性，有邪淫之基因德性，有好酒之基因德性，有邪見之基因德性，有瞋怒之基因德性，有痴呆之基因德性，有聰明之基因德性，有怠惰之基因德性，有伶俐之基因德性，有美之基因德性，有醜陋之基因德性，有好文學之基因德性，有好辯論之基因德性，有致富之基因德性，有貧窮

之基因德性，有好人之基因德性，有欠人緣之基因德性。

不止有一百六十心，其實是無量無邊算不盡的。

我們選出之基因即是主宰我人起居生活之上帝。

在密教曼荼羅中各尊只是分為幾箇重要部份之領隊者而已。

胎藏界理體分為佛蓮金三部的佛菩薩金剛活動，金剛界智德（精神心）即分為城內與城外，城內指成佛之四部基因，城外是眾生之基因德性，鐵圍山外地獄即難伏之眾生基因德性，這無

量無邊之基因德性皆藏於我們各自之心中。

依個人所需而選之，選民無量故選票之爭也激烈，要登堂拜訪拉票，親近之賭黨多即賭博基因之票數會增加，賭博基因當選為上帝，即會以賭博為常業；親近搶劫殺人的黨多即搶劫殺人之基因得票多，當選為我人之上帝，即會以搶劫殺人為常業。

有人以為惡基因也會變成善基因，其實不然，因為鐵之基因不能變成銅或銀或木頭的基因。

精神亦然，人們的一切行為思想悉皆是基因德性的主觀狀態，大概都是壞的基因佔多數，好基因大都隱藏不露。

勸人要發好的菩提心，事實上卻沒有發出來，口說勸人布施，但自他均未發菩提心，藉著說好話提高自己身價的亦屢見不鮮。

我人自私要求富庶，但不從人願，因為他之私欲基因德性佔住上帝寶座，無法去喚起致富之基因德性來登基大寶。

發起布施心就是致富基因，要喚出某種基因，沒有方法是喚不出來的。

宗教家都極力勸善，可是社會愈來愈紛亂。

所勸的信徒看來一律是本來的善人，在監所講經說法，犯罪者為了示好求表現，似乎有改過遷善，就大加讚嘆，其實出獄後更加惡毒，在獄中與同道親近在一起，更學了作案的智識基因，本不諳法律亦成為律師。

的確布教效果不彰。

一切犯罪都是為了金錢或色情。他們若果能喚起致富之基因，他也就不會犯罪了。他若能喚起好人緣的基因，他就會娶得好太太，那就更不會犯罪了。

要喚出某些基因，必須了解其基因之名字及其印信（符號）、形象，才能喚其出來主宰其本誓活動。

名字即是真言，符號即手印，形象即標幟。

密教所修之本尊即是其所需要之基因德性，不是一天一月就能喚出請其上殿的，看你的虔誠如何而定。

我們要自立起來，喚起致富之基因德性出來，它就會使你致富，致富了，就能布施，更加喚起成佛的基因，大慈、大悲、大智、大行之德性，就會接近成佛階段。

佛教中有這種學術，為什麼不去研究修行。有人先入為主，如井中蛙那知世上有大海，妄斷密教是邪道，自迷迷人。

佛法之奧妙，除已證道的人是不會了知的。

有意去選擇本尊者必須找尋具有傳承的上師或具有證量的善知識傳授才成。

連基因德性都不知的道販是買不到真貨的，況乎信其鬼靈之冥加，恐會結交了陰界的黑道人物，那箇時候後悔是不及的。

壞的基因德性永遠佔著你的心殿當上帝，都會使你身體多病家庭不安，前手接錢後手空，應該要覺醒再選菩提基因德性來做主，人生才有希望，才有成功的機會。

廿二、成功的秘訣

要選一位好的基因德性來做自己的上帝是很因難的，因為善惡之基因德性無量無邊，都是不斷爭取選票，憂疑未決，心神亂如麻。

要選善良基因德性必須打倒惡之基因德性。

惡基因德性像魔鬼，打倒魔鬼要請武官出陣當主帥，天下太平了，才來選出有德之士當上帝。

如在密教即先修金剛部之明王，請明王看其明王之特殊才能而請之。

如我人自無始劫以來都是極惡之眾生基因作主，以致貧窮困苦，災厄多無人緣，即選修軍荼利明王，它是佛部、蓮部、金部等三部之辦事結界之主尊基因德性，它有四面四臂，右手執金剛杵，左手滿願印，二手作羯磨印，身天色，身佩威光焰鬘，住月輪中，坐瑟瑟盤石青蓮花上，正面慈相，右第二面忿怒，左第三面作大笑，後第四面微笑開口，以毒龍為瓔珞，虎皮為裙，有無量眷屬圍繞。這是表示它之基因德性之功能，即其本誓。

有慈面德性是南方息災，表一切眾生德性之拔苦予樂之義。

忿怒面是西方降伏德性，表降伏極惡之眾生德性。降伏以智為本也。

大笑東方是增益，能使福德圓滿之德性，萬德具足之義。

北方微笑是敬愛，敬愛之至極是慢。

眾生我慢即會無人緣，降伏即能令生敬愛。

金剛杵能摧破一切眾生之惡業煩惱，滿願印即施願令一切滿足求願。

二手作羯磨印即表功能彰顯任運利益眾生。任運降伏眾生之惡業煩惱基因也。

正面慈是佛部，左面笑蓮花部，後面微笑開口羯磨部，右面忿怒金剛部，總體是方便具足為寶部。

毒龍為瓔珞表南方平等性智，第七識所轉之身，凡夫之七識有我痴、我見、我愛、我慢之基因德性。若降伏之即四煩惱基因變為平等性智之眷屬，四煩惱喻四種蛇，以蛇喻所斷之罪，此蛇作瓔珞者，大乘之意是：以煩惱菩提無二觀，惡人成為好人之眷屬故也。

蛇即龍，邪即蛇，正即龍，此四蛇化四龍表常樂我淨四基因德性四波羅蜜。

未降伏四蛇即四煩惱，降伏後即是如來之四德方便。

能吞瞰一切眾生之惡業煩惱。

蛇即覺悟圓滿體，是平等性智。

一身青色表隨緣大悲之德，方便萬德具足空含萬象；虎皮為裙表威猛能降伏蛇。修此尊即軍荼利頓入眾生基因德性之中，吞瞰降伏眾生之惡業基因，令成就卅七之覺德眷屬，表生死即涅槃。

修此明王即請出其威力的降伏基因德性，叫它的密號，示出它的本誓印信，它就會出現其德性。

故口誦其真言，手結其手印，它現前時，它就發揮其本誓威力。

要它降伏即加降伏句,請發揮增益
即加增益句,請它息災即加息災句,
請它鉤召即加鉤召句,請它延命即加
延命句,請它美容即加美容句,請它
透視即加透視句,請他解毒即加解毒
句。敬愛即加敬愛句。對飲食加持、
美容、氣力增進、秘藥、或礦物埋藏
之發見都很靈。

可見它的基因德性威力很大。它的咒
語對於治心痛、鬼病、一切重病、官
符、見官令歡喜、召吉祥,皆有很大
功能。此明王之不在外求,都是自己
心中隱藏之一種基因德性。其他還有
很多,依自己所需選擇以修之。

眾多之惡性基因德性已歸伏善之基因德性後，才選出菩薩基因德性，前者是治自心的，後者是為社會工作的。

禪即在悟，不在坐，一味靜坐是暫時之休息，心如止水無波即不能工作，是羅漢的自私行為。

要修菩薩德性才能救拔現象之眾生，坐禪即降伏自心之眾生。

所以古人云：羅漢在高山打瞌睡，菩薩落荒草，佛在世間不離世間覺。佛陀以八相成道，令眾生悟此道理，若不如是，佛陀成正覺之後為何不守住山嶽，出來活動行菩薩道？

修菩薩道基因很多，括之即大智、大慈、大悲、大行為成佛之總和，對於社會眾生，用此四德去救濟，令眾生改惡遷善，引其同入如來城中，箇箇發起菩薩行願。

再出來與眾生為群，同舟共濟，患難相救。

繼承如來家業，成為真佛子。

有些人東拉西抓一鱗半片就奉為金科玉律提高身價，自稱秘密真口訣，不共他人妻子說，以高價賣出自私自利，求買者回去修習毫無得益，大感失望以為佛法是騙人的東西，使求學的人失去信心，妨害佛教形象。

佛教是免費的，供養不供養，或多或少隨意，叩門求者與之豈可當為商品！

人人都有希望與目的，達成了即所謂成功，違背公約之成功終會被群眾所不齒以致被人群厭惡終歸失敗。

順公約之成功即被大眾捧場益加鶴立雞群一支獨秀。

成功之秘訣看你是否選擇出本尊及呼出之本尊能否永遠鎮住靈台來發揮功能而定。

這些秘訣均在秘密佛教寶庫中，其鑰鎖即是信眾，信不信由你了。

廿三、精神基因之層次

我人凡夫之精神基因德性低而短，而佛菩薩之基因德性高深而長。

凡夫看這箇世界是苦而污穢的，而佛菩薩本身看的卻是清淨的。

好比望遠鏡一樣，凡夫的望遠鏡祇能看到幾十里，佛菩薩的望遠鏡即如天文台的大望遠鏡，可以看到天空中極遠的星球。如手中菴摩羅果。

人們若修到天之基因德性時，看到一切是清淨即修到大圓鏡智顯現，修到平等性智顯現時，看到一切皆平等，修到妙觀察智顯現時，看到一切分別明了。

我們現在就是肉眼，看清淨時就是天眼，看到平等一味就是法眼，看得明了就是慧眼，四眼之總和就是佛眼。佛眼藏於肉眼，這種通眼是道理的透視眼。肉眼會看到佛菩薩或鬼神之形象，即是頻律低級之陰陽鬼眼，鬼神之現形以及音聲之組織有三箇過程。

初是心念起時之幽質，次心意識塑造之念塑材質，三是藉空間之色彩聚成之物質素，顯現時間之長短依其心意念而定，因為低級靈無定力，所以顯現時間短，我人之頻律如果平衡時即會感見惑聽到聲音。

頻律高的人就看不到，不可以為看到了就當成是真實，低級靈與凡夫相同，雜念出沒無常，經云凡所有相即是虛妄，法相亦復如是，況乎鬼靈之像。

我人若認為是事實即會印在心意識，睡眠時依時空交錯，記憶重現，感覺誤認，理智喪失，組成夢境，這些潛在意識之業力會帶到死後之世界，呈現各種不同之境界，不但如此，還會帶到來生作為他的主人翁，這種基因德性即是凡夫眾生性。

如果觀佛菩薩是種心之基因作用，即可化為空性，歸於理智本體。

看我人的修為如何來評估其精神層次。

精神基因德性愈高層次愈高。

愛惜動物是種美德，不可精神降到與動物相等，否即會頻律相等，死後投胎於動物之中，那就不幸了。

接近知識分子，我們的精神頻律會提高，這都是引出自己心中之基因德性的關係，對下等動物有情即已引出動物之基因德性，對賢人有感情即是引出自心中之賢能基因德性。

若頻律不同即不會發生愛好之心的。

為自己之未來設想，必須接近高尚賢能的人群，自己之精神層次就昇華了。

廿四、基因德性與光

心之基因德性不同，故光之色彩亦不同，精神層次不同，故光之強弱亦不同。

光即心基因德性之流露表現。

心空無念時之光是青色。

愛之流露是紅色。

慈悲之流露是紫色。

慷慨之流露是黃色。

愛情之流露是粉紅色。

自私之流露是紅色。

宗教心之流露是金黃色。

煩惱之流露是灰色。

殺氣之流露是黑色。

精神集中時之光波是直而強。

妄想時之波長是浪形。

精神衰弱時即光無力而暗淡。

光本體是七彩虹光，祇是心基因不同
而呈現色彩強弱形態之差別而已。

人之心態可以從色形強弱看到，成就的禪師可以分別看到弟子在靜坐中之心態而警示之。

看來似乎秘密卻不是秘密，在人際中亦能分別看到，所以要注意自己之心態，勿令彼人看到你的心理人格之弱點為要。

自己之光波色形愈低愈暗就是心之基因德性愈下劣之證據，人格生活身體會愈壞，都是自殺行為。被其氛圍氣之影響，家庭週圍的人都會被其所害，如空氣污染影響大眾健康一樣。

我人一到某家去拜訪時都會馬上感覺其好壞，你的氣質若惡劣，他人就不喜歡親近，生意就做不成了。相同之

地方，相同之職業，相同之生意，有人大發利市，有人無人問津，俗云運氣，這都是心基因德性所發之光波氣質不同的關係。

家庭、社會、國家中之大眾若是低劣之心基因德性多於善基因德性，即社會家庭紛亂，國家衰微，反之即興旺，國泰民安。

這都是自私之心理基因德性與大公無私之德性所使。

我人是群中之一都會被其影響。宗教家極力地活動淨化人心工作，但看來皆是治標不治本，無法打破自私，連宗教家自己亦自私，競爭拉信徒，毀謗他教他宗怎能使世界和平？

這是事實不必爭論。正派宗教之目的是一致的，除顯異惑眾玩弄鬼神之賺財外，無不是大公精神。

又宗教絕無獎勵戰爭的戒條，若果信仰宗教會戰爭，那麼這是世界的不幸，其教主必定自私，信徒自私殺氣的光波瀰滿空間蘊成黑煙障氣，變成共業，會引發天災地變人禍，會加速人類末日的來臨。

因為我人的光波基因德性與宇宙連在一起，鼻息相通的關係。

人以及其他動物死後之心意識基因與生前相同，肉體分散了，以後其潛意識光波，而依其念頭而呈現苦樂感受而與生前相同。

呈現之光若低劣，剛與某低級動物之光波相等即如磁石吸鐵一樣地被吸引，動物交配時都會發出其基因德性光波，其雙方之光波無礙地相涉，就投胎其中，出生於動物中，這不是被動是自律，亦不是什麼靈魂而是潛意識之基因德性靈光。

閻魔王即我人之第七識，亦是自己之上帝，自作自判，自己支配自己，自己創造，都是自己之基因德性之傑作也。

結論

上來所論角度與普通看法有點不同，一般以本性或以一箇心來論人生之過現未三世之苦樂果報。今即以本性或心之內容有無量善惡基因德性，由善惡基因之宿業的繼往開來之苦樂境界。因如來藏中有千差萬別之含藏識，即本有之基因德性中，在過去世呈現某種基因收集之潛意識，如好賭基因集聚賭博經驗之蘊識，好施之基因聚集布施行為之潛意識，成為現在之根性。好善即前有善之基因，惡即有前之基因根性。今世該根性遇緣即發繼其種性而成苦樂果報。一言心動即是種性基因發用。法界體性或云真如本性、心性，不是空白，無不能生有，有不能還無，無或云空即

是未兆之前的狀態，發用即成有，有形是緣生法無自性而已，本性中之無量基因德性是常住的，基因德性之出沒是無常，隱顯莫測，現象有其法即本性中也有其基因，所以云：無一物中無盡藏，有花有月有樓台。即成諸法與法相之認知，使人生之苦樂感受殊別。普通依苦果來看是無明為因，依十二因緣而言無明是惑業，乃由眾生性論其投胎、出世、苦報、老死之凡失，教其返回真如本性，「知迴到智」的逆行成道論。今此即依本性具之羯磨力，由不同之善惡宿業基因種性的發展來加以考察的，無明視為絕對力，不同之善惡基因才是主人翁，菩薩留惑潤生視為乘願再來，眾生凡夫是依惑業基因所支配，不一定無明就是惑。主張基因德性之改換，而不

是惡變善，善變惡，鐵不能變金，金不能變鐵。心變即是基因德性更換，心空不是無物，因為空即是色，色即是空，其本性之絕對力，無明實性即佛性。主張人生之改惡遷善之轉換基因，是活動中之順行成道論。前者用以二乘羅漢消極論，後者以選擇善的菩提基因之積極菩薩行動論。茲將分別如下：普通之順生逆觀論

十二因緣與本性智德

緣覺乘之人是依十二因緣來觀察因緣
之理，無明、行、識、名色、六入、
觸、受、愛、取，有、生、老死，看
作為恆及三世的，這樣來諦觀生死的
始末，逆觀成道論。

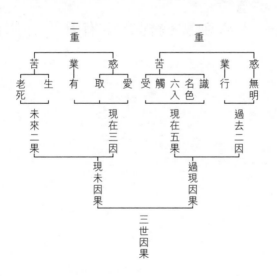

無明即煩惱，行即業，識即五蘊，名
色即精神物質，六入即六識根，觸即
外感，受即領納，愛即貪，取即欲，
有即執為所有，生即存在意識，老死
即衰滅。

本論之十二因緣與本性基因智德

現在人心動態過程之本有基因起用論

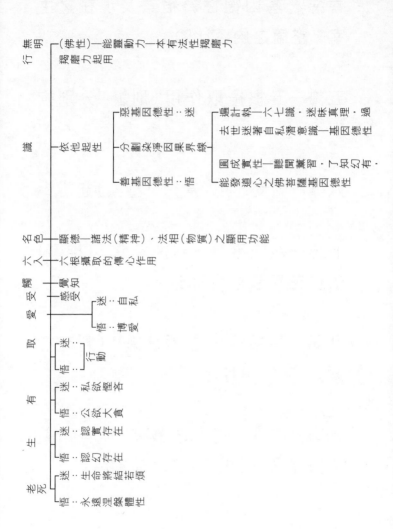

無明 —— 行 —— (佛性)一能靈動力一本有法性羯磨力
行 —— 羯磨力起用

識 —— 依他起性 ┬ 惡基因德性‥迷 ┬ 遍計執一六七識‥迷昧真理‥過
            │ 分劃染淨因果界線 │ 去世迷著自私潛意識一基因德性
            └ 善基因德性‥悟 └ 圓成實性一聽聞薰習‧了知幻有‥
                            能發道心之佛菩薩基因德性

名色 —— 顯德一諸法(精神)‧法相(物質)之顯用功能
六入 —— 六根攝取的傳心作用
觸 —— 覺知
受 ┬ 感受 ┬ 迷‥自私
  └   └ 悟‥博愛
取 ┬ 迷‥ ┐行
  └ 悟‥ ┘動
有 ┬ 迷‥私欲慳吝
  └ 悟‥公欲大貪
生 ┬ 迷‥認實存在
  └ 悟‥認幻存在
老死 ┬ 迷‥生命將結若煩
    └ 悟‥永遠涅槃體性

上帝之選舉　147

善惡之基因德性為宿業及現在之主宰，整箇之內容比喻：

五識－五根攝取作用（刑警）分別拘提。

六識－感受起用（意），（檢察）起訴。

七識－執法審判、判別善惡，（推事）依現在善惡基因而定。

八識－善惡經驗之潛意識，（判定檔案），記憶業種。

九識－本性、基因之總和，未發用前之白淨狀態（國家）法務部。

十識———心識，本性具有之無量善惡基因德性（法律）人民。

前生有修善，即其基因德性一遇聽法聞經，即能了知凡所有相即是幻有，發心修行修其菩提基因使之堅固，不再被邪法所迷，是人在轉事業輪的活動中精進，不致再苦惱。貧窮苦惱者乃宿世之遍計執惡基因德性的延續主使，益加苦煩，而苦之經驗意識又帶到後生為因。欲改善現生及未來生之幸福，即必須修行轉換面目。從真言密教中找取菩提基因來取代，現世可以即身成佛。以證量而言：如吾人慳吝不能發布施心，就找布施心之菩薩基因德性為本尊，此好施之本尊必有施無畏印，修到此基因德性為自己之主宰時，忽然間會發生愛心樂善

好施，即是證量，其餘准此。各基因
德性有其黨部、部主，具有無量基因
眷屬前後圍繞。如多黨政策，無論何
黨之人當選，其餘之黨及一切人民皆
服從之。這種更換基因方法只在真言
法中，是在積極的人生活動當中即身
成就之法，不必回歸太古的無政府狀
態。吾人已進到競爭生存的時代，人
人無法像出家人一樣去修羅漢行，可
以在開車、上班、人際對待中修習，
行菩薩行，是自利利他兼修的秘密之
法，乃是自救現生改善生活環境，治
好舊疾的最好捷徑也。上述僅是真言
密教的理念。佛法八萬四千法門；門
門透佛宮，一切法門皆隨喜。

後跋

密教之金胎二部曼荼羅中所畫之諸尊皆是宇宙大靈中之無量無邊基因德性的縮寫，大體以人類為基準來暗示的。

其中所畫之諸尊或三昧耶標幟祇是代表性而已，教人類去發覺身之數量及心之數量，其總和之一是多之一，不是凝然的一，是緣起的一，所以沒有我，大我即是組合體。

其中分科統理，各科有無量眷屬圍繞，城內是成佛之主要基因德性，城外是未悟之迷著基因德性，以四攝基因德性鉤引眾生入到城內，成為成佛德性之眷屬。

度眾生之菩薩基因德性各具有其本誓功能，亦即是引導眾生之手段各不同。

所謂八萬四千法門，門門透越量宮。

觀音方便法門三十二，叫人們不離其職位去自度，以婦女身而得度者現婦女身而度之。

教婦女們以婦女之身去修去自度，修什麼？修大悲法門，觀音是大悲之成佛基因德性，是悲心之人格化，不是歷史人物，是一種德號，大慈即彌勒，大智即文殊，大行即普賢，人人可以成觀音。

彌勒、文殊、普賢，功德本誓圓滿即成佛。

其實本來是佛，行佛之本誓曰菩薩，
眾生未度盡即不名佛，故菩薩是闡提
不成佛的。

《維摩詰經》裡面的菩薩皆是象徵人
物，表示其度眾生之本誓的寫照。

你有某些本誓你即某菩薩，你發心是
即成菩薩了。

佛是理智之冥合體，覺悟此亦即成
佛，菩薩即智之發揮者，本誓之實行
者，你若不信即同侮辱自己，信而行
之即登彼岸。

彼岸此岸即迷悟之相對，根本是一，自他不二的。不可隔岸觀佛，生佛是不二的。祗要即時即地發出菩提本誓精進不退，以無緣大悲萬物一體觀之，打破自私去愛護同胞即是修菩薩行了。

倘若發不起菩提心，即可選擇一尊菩薩基因德性修之，喚出其本有菩薩德性謂之修智，然後向外施展本誓工作謂之修慧。

智慧兩足即是自度度人。

有智無慧是死火無光。

有慧無智是有光無火，普通善人而已。不諳真理也。

並非有光無火只是不知火種所由，如見火圈不見火炬，迷於本性亦如是。悟道有深淺，不可先入為主，宇宙是無邊際的，道理亦無邊際，除非有證量，否則不可以一枝竹竿蓋倒一船人。

任你才高北斗學海深淵，亦不能窺見宇宙全貌，希望共同研究不拒除別人之心得，他山之石可以攻錯，是所企須焉。

附 錄 一
悟光大阿闍梨略傳

附錄一
悟光大阿闍梨略傳

悟光上師又號全妙大師，俗姓鄭，台灣省高雄縣人，生於一九一八年十二月五日。生有異稟：臍帶纏頂如懸念珠；降誕不久即能促膝盤坐若入定狀，其與佛有緣，實慧根夙備者也。

師生於虔敬信仰之家庭。幼學時即聰慧過人，並精於美術工藝。及長，因學宮廟建築設計，繼而鑽研丹道經籍，飽覽道書經典數百卷；又習道家煉丹辟穀、養生靜坐之功。其後，遍歷各地，訪師問道，隨船遠至內地、南洋諸邦，行腳所次，雖習得仙宗秘術，然深覺不足以普化濟世，遂由道皈入佛門。

師初於一九五三年二月，剃度皈依，改習禪學，師力慕高遠，志切宏博，雖閱藏數載，遍訪禪師，尤以為未足。

其後專習藏密，閉關修持於大智山（高雄縣六龜鄉），持咒精進不已，澈悟金剛密教真言，感應良多，嘗感悟得飛蝶應集，瀰空蔽日。深體世事擾攘不安，災禍迭增無已，密教普化救世之時機將屆，遂發心廣宏佛法，以救度眾生。

師於閉關靜閱大正藏密教部之時，知有絕傳於中國（指唐武宗之滅佛）之真言宗，已流佈日本達千餘年，外人多不得傳。（因日人將之視若國寶珍秘，自詡歷來遭逢多次兵禍劫難，仍得屹立富強於世，端賴此法，故絕不

輕傳外人）。期間台灣頗多高士欲赴日習法，國外亦有慕道趨求者，皆不得其門或未獲其奧而中輟。師愧感國人未能得道傳法利國福民，而使此久已垂絕之珍秘密法流落異域，殊覺歎惋，故發心親往日本求法，欲得其傳承血脈而歸，遂於一九七一年六月東渡扶桑，逕往真言宗總本山 —— 高野山金剛峰寺。

此山自古即為女禁之地，直至明治維新時始行解禁，然該宗在日本尚屬貴族佛教，非該寺師傳弟子，概不經傳。故師上山求法多次，悉被拒於門外，然師誓願堅定，不得傳承，決不卻步，在此期間，備嘗艱苦，依然修持不輟，時現其琉璃身，受該寺黑目大師之讚賞，並由其協助，始得入寺

作旁聽生，因師植基深厚，未幾即准為正式弟子，入於本山門主中院流五十三世傳法宣雄和尚門下。學法期間，修習極其嚴厲，嘗於零下二十度之酷寒，一日修持達十八小時之久。不出一年，修畢一切儀軌，得授「傳法大阿闍梨灌頂」，遂為五十四世傳法人。綜計歷世以來，得此灌頂之外國僧人者，唯師一人矣。

師於一九七二年回台後，遂廣弘佛法，於台南、高雄等地設立道場，傳法佈教，頗收勸善濟世，教化人心之功效。師初習丹道養生，繼修佛門大乘禪密與金剛藏密，今又融入真言東密精髓，益見其佛養之深奧，獨幟一方。一九七八年，因師弘法有功，由大本山金剛峰寺之薦，經日本國家宗

教議員大會決議通過，加贈「大僧都」一職，時於台南市舉行布達式，參與人士有各界地方首長，教界耆老，弟子等百餘人，儀式莊嚴崇隆，大眾傳播均相報導。又於一九八三年，再加贈「小僧正」，並賜披紫色衣。

師之為人平易近人，端方可敬，弘法救度，不遺餘力，教法大有興盛之勢。為千秋萬世億兆同胞之福祉，暨匡正世道人心免於危亡之劫難，於高雄縣內門鄉永興村興建真言宗大本山根本道場，作為弘法基地及觀光聖地。師於開山期間，為弘法利生亦奔走各地，先後又於台北、香港二地分別設立了「光明王寺台北分院」、「光明王寺香港分院」。師自東瀛得法以來，重興密法、創設道場、設立規矩、著書立說、教育弟子等無不兼備。

師之承法直系真言宗中院流五十四世傳法。著有《上帝的選舉》、《禪的講話》等廿多部作品行世。佛教真言宗失傳於中國一千餘年後，大法重返吾國，此功此德，師之力也。

附錄二　悟光上師《一真法句淺說》手稿

一真法句淺說

嗡乃曠劫獨稱真，六大毘盧即我身，時窮三際壽無量，
體合乾坤唯一人。文
嗡又作唵，音讀嗡，嗡即皈命句，即是皈依命根大日如
來的法報化三身之意，法身是體，報身是相，化身是用，
法身的體是無形之體性，報身之相是無形之相，即功能或
云功德聚，化身即體性中之功德所顯現之現象，現象是體
性功德所現，其源即是法界體性，這體性亦名如來德性，
佛性，如來即理體，佛即精神，理體之德用即精神，精神
即智，根本理智是一綜合體，有體必有用。現象万物是法
界體性所幻出，所以現象即實在，當相即道。宇宙万象無
一能越此，此法性自曠劫以來獨一無二的真實，故云曠劫
獨稱真，此體性的一中有六種不同的性質，有堅固性即地
，地并非一味，其中還有無量無邊屬堅固性的原子，綜合
其堅固性假名為地，是遍法界無所不至的，故云地大。其
次屬於濕性的無量無邊德性名水大，屬於煖性的無量無邊
德性名火大，屬於動性的無量無邊德性曰風大，屬於容納
無礙性的曰空大。森羅万象，一草一木，無論動物植物礦
物完全具足此六大。此六大之總和相涉無礙的德性遍滿法
界，名摩訶毘盧遮那，即是好像日光遍照宇宙一樣，翻謂
大日如來。吾們的身體精神都是祂幻化出來，故云六大毘
盧即我身，這毘盧即是道，道即是創造万物的原理，當然
万物即是道體。道體是無始無終之靈體，沒有時間空間之
分界，是沒有過去現在未來，沒有東西南北，故云時窮三

《一真法句淺說》悟光法師著

【全文】

嗡乃曠劫獨稱真，六大毘盧即我身，
時窮三際壽無量，體合乾坤唯一人。
虛空法界我獨步，森羅萬象造化根，
宇宙性命元靈祖，光被十方無故新。
隱顯莫測神最妙，璇轉日月貫古今，
貪瞋煩惱我密號，生殺威權我自興。
六道輪回戲三昧，三界匯納在一心，
魑魅魍魎邪精怪，妄為執著意生身。
喑啞蒙聾殘廢疾，病魔纏縛自迷因，
心生覺了生是佛，心佛未覺佛是生。
罪福本空無自性，原來性空無所憑，
我道一覺超生死，慧光朗照病除根。
阿字門中本不生，吽開不二絕思陳，
五蘊非真業非有，能所俱泯斷主賓。
了知三世一切佛，應觀法界性一真，
一念不生三三昧，我法二空佛印心。
菩薩金剛我眷屬，三緣無住起悲心，
天龍八部隨心所，神通變化攝鬼神。
無限色聲我實相，文賢加持重重身，
聽我法句認諦理，一轉彈指立歸真。

【釋義】

唵乃曠劫獨稱真，六大毘盧即我身，
時窮三際壽無量，體合乾坤唯一人。

唵又作唵，音讀唵，唵即皈命句，即
是皈依命根大日如來的法報化三身
之意，法身是體，報身是相，化身是
用，法身的體是無形之體性，報身之
相是無形之相，即功能或云功德聚，
化身即體性中之功德所顯現之現象，
現象是體性功德所現，其源即是法界
體性，這體性亦名如來德性、佛性，
如來即理體，佛即精神，理體之德用
即精神，精神即智，根本理智是一綜
合體，有體必有用。現象萬物是法界
體性所幻出，所以現象即實在，當相
即道。宇宙萬象無一能越此，此法性
自曠劫以來獨一無二的真實，故云曠

劫獨稱真。此體性的一中有六種不同的性質，有堅固性即地，地並非一味，其中還有無量無邊屬堅固性的原子，綜合其堅固性假名為地，是遍法界無所不至的，故云地大。其次屬於濕性的無量無邊德性名水大，屬於煖性的無量無邊德性名火大，屬於動性的無量無邊德性曰風大，屬於容納無礙性的曰空大。森羅萬象，一草一木，無論動物植物礦物完全具足此六大。此六大之總和相涉無礙的德性遍滿法界，名摩訶毘盧遮那，即是好像日光遍照宇宙一樣，翻謂大日如來。吾們的身體精神都是祂幻化出來，故云六大毘盧即我身，這毘盧即是道，道即是創造萬物的原理，當然萬物即是道體。道體是無始無終之靈體，沒有時間空間之分界，是沒有過去現

在未來，沒有東西南北，故云時窮三際的無量壽命者，因祂是整個宇宙為身，一切萬物的新陳代謝為命，永遠在創造為祂的事業，祂是孤單的不死人，祂以無量時空為身，沒有與第二者同居，是個絕對孤單的老人，故曰體合乾坤唯一人。

虛空法界我獨步，森羅萬象造化根，宇宙性命元靈祖，光被十方無故新。
祂在這無量無邊的虛空中自由活動，我是祂的大我法身位，祂容有無量無邊的六大體性，祂有無量無邊的心王心所，祂有無量無邊的萬象種子，祂以蒔種，以各不同的種子與以滋潤，普照光明，使其現象所濃縮之種性與以展現成為不同的萬物，用祂擁有的六大為其物體，用祂擁有的睿智精神

(生其物)令各不同的萬物自由生活，是祂的大慈大悲之力，祂是萬象的造化之根源，是宇宙性命的大元靈之祖，萬物生從何來？即從此來，死從何去？死即歸於彼處，祂的本身是光，萬物依此光而有，但此光是窮三際的無量壽光，這光常住而遍照十方，沒有新舊的差別。凡夫因執於時方，故有過去現在未來的三際，有東西南北上下的十方觀念，吾人若住於虛空中，即三際十方都沒有了。物質在新陳代謝中凡夫看來有新舊交替，這好像機械的水箱依其循環，進入來為新，排出去為舊，根本其水都沒有新舊可言。依代謝而有時空，有時空而有壽命長短的觀念，人們因有人法之執，故不能窺其全體，故迷於現象而常沉苦海無有出期。

隱顯莫測神最妙，璇轉日月貫古今，
貪瞋煩惱我密號，生殺威權我自興。

毘盧遮那法身如來的作業名羯磨力，祂從其所有的種子注予生命力，使其各類各各需要的成分發揮變成各具的德性呈現各其本誓的形體及色彩、味道，將其遺傳基因寓於種子之中，使其繁衍子孫，這源動力還是元靈祖所賜。故在一期一定的過程後而隱沒，種子由代替前代而再出現，這種推動力完全是大我靈體之羯磨力，凡夫看來的確太神奇了、太微妙了。不但造化萬物，連太空中的日月星宿亦是祂的力量所支配而璇轉不休息，祂這樣施與大慈悲心造宇宙萬象沒有代價，真是父母心，吾們是祂的子孫，卻不能荷負祂的使命施與大慈悲心，迷途的眾生真是辜負祂老人家的本誓的

大不孝之罪。祂的大慈悲心是大貪，眾生負祂的本誓，祂會生氣，這是祂的大瞋，但眾生還在不知不覺的行為中，如有怨嘆，祂都不理而致之，還是賜我們眾生好好地生活著，這是祂的大癡，這貪瞋癡是祂的心理、祂本有的德性，本來具有的、是祂的密號。祂在創造中不斷地成就眾生的成熟。如菓子初生的時只有發育，不到成熟不能食，故未成熟的菓子是苦澀的，到了長大時必須使其成熟故應與以殺氣才能成熟，有生就應有殺，加了殺氣之後成熟了，菓子就掉下來，以世間看來是死，故有生必有死，這種生殺的權柄是祂獨有，萬物皆然，是祂自然興起的，故云生殺威權我自興。祂恐怕其創造落空，不斷地動祂的腦筋使其創造不空成就，這些都是

祂為眾生的煩惱。這煩惱還是祂老人
家的本誓云密號，本有功德也。

**六道輪回戲三昧，三界匯納在一心，
魑魅魍魎邪精怪，妄為執著意生身。**
大我體性的創造中有動物植物礦物，
動物有人類，禽獸，水族，蟲類等具
有感情性欲之類，植物乃草木具有繁
衍子孫之類，礦物即礦物之類。其中
人類的各種機能組織特別靈敏，感情
愛欲思考經驗特別發達，故為萬物之
靈長，原始時代大概相安無事的，到
了文明發達就創了禮教，有了禮教擬
將教化使其反璞歸真，創了教條束縛
其不致出規守其本分，卻反造成越規
了，這禮教包括一切之法律，法律並
非道之造化法律，故百密一漏之處在
所難免，有的法律是保護帝王萬世千

秋不被他人違背而設的，不一定對於
人類自由思考有幫助，所以越嚴格越
出規，所以古人設禮出有大偽，人類
越文明越不守本分，欲望橫飛要衝出
自由，自由是萬物之特權之性，因此
犯了法律就成犯罪。罪是法沒有自性
的，看所犯之輕重論處，或罰款或勞
役或坐牢，期間屆滿就無罪了。但犯
了公約之法律或逃出法網不被發現，
其人必會悔而自責，誓不復犯，那麼
此人的心意識就有洗滌潛意識的某程
度，此人必定還會死後再生為人，若
不知懺悔但心中還常感苦煩，死後一
定墮地獄，若犯罪畏罪而逃不敢面對
現實，心中恐懼怕人發現，這種心意
識死後會墮於畜生道。若人欲望熾盛
欲火衝冠，死後必定墮入餓鬼道。若
人作善意欲求福報死後會生於天道，

人心是不定性的，所以在六道中出歿沒有了時，因為它是凡夫不悟真理才會感受苦境。苦樂感受是三界中事，若果修行悟了道之本體，與道合一入我我入，成為乾坤一人的境界，向下觀此大道即是虛出歿的現象，都是大我的三昧遊戲罷了，能感受所感受的三界都是心，不但三界，十界亦是心，故三界匯納在一心。魑魅魍魎邪精怪是山川木石等孕育天地之靈氣，然後受了動物之精液幻成，受了人之精液即能變為人形，受了猴之精液變猴，其他類推，這種怪物即是魔鬼，它不會因過失而懺悔，任意胡為，它的心是一種執著意識，以其意而幻形，此名意成身，幻形有三條件，一是幽質，二是念朔材質，三是物質，比如說我們要畫圖，在紙上先想所畫

之物，這是幽質，未動筆時紙上先有其形了，其次提起鉛筆繪個形起稿，此即念朔材質，次取來彩色塗上，就變成立體之相，幾可亂真了。

暗啞蒙聾殘廢疾，病魔纏縛自迷因，心生覺了生是佛，心佛未覺佛是生。

人們自出生時或出生了後，罹了暗啞、或眼盲、或耳聾或殘廢疾病，都與前生所作的心識有關，過去世做了令人憤怒而被打了咽喉、或眼目、或殘廢、或致了病入膏肓而死，自己還不能懺悔，心中常存怨恨，這種潛意識帶來轉生，其遺傳基因被其破壞，或在胎內或出生後會現其相。前生若能以般若來觀照五蘊皆空，即可洗滌前愆甚至解縛證道，眾生因不解宇宙真理，執著人法故此也。人們的造惡

業亦是心，心生執著而不自覺即迷沉苦海，若果了悟此心本來是佛性，心生迷境而能自覺了，心即回歸本來面目，那個時候迷的眾生就是佛了。這心就是佛，因眾生迷而不覺故佛亦變眾生，是迷悟之一念間，人們應該在心之起念間要反觀自照以免隨波著流。

罪福本空無自性，原來性空無所憑，我道一覺超生死，慧光朗照病除根。
罪是違背公約的代價，福是善行的人間代價，這都是人我之間的現象界之法，在佛性之中都沒有此物，六道輪迴之中的諸心所法是人生舞台的法，人們只迷於舞台之法，未透視演戲之人，戲是假的演員是真的，任你演什麼奸忠角色，對於演員本身是毫不相關的，現象無論怎麼演變，其本來佛

性是如如不動的，所以世間之罪福無自性，原來其性本空，沒有什麼法可憑依。戲劇中之盛衰生死貧富根本與佛性的演員都沒有一回事。《法華經》中的〈譬喻品〉有長者子的寓意故事，有位長者之子本來是無量財富，因出去玩耍被其他的孩子帶走，以致迷失不知回家，成為流浪兒，到了長大還不知其家，亦不認得其父母，父母還是思念，但迷兒流浪了終於受傭於其家為奴，雙方都不知是父子關係，有一天來了一位和尚，是有神通的大德，對其父子說你們原來是父子，那個時候當場互為相認，即時回復父子關係，子就可以繼承父親的財產了。未知之前其子還是貧窮的，了知之後就成富家兒了，故喻迷沉生死苦海的眾生若能被了悟的大德指導，一覺大

我之道就超生死迷境了。了生死是瞭解生死之法本來迷境，這了悟就是智慧，智慧之光朗照，即業力的幻化迷境就消失，病魔之根就根除了。

阿字門中本不生，吽開不二絕思陳，五蘊非真業非有，能所俱泯斷主賓。
阿字門即是涅盤體，是不生不滅的佛性本體，了知諸法自性本空沒有實體，眾生迷於人法，《金剛般若經》中說的四相，我相、人相、眾生相、壽者相，凡夫迷著以為實有，四相完全是戲論，佛陀教吾們要反觀內照，了知現象即實在，要將現象融入真理，我與道同在，我與法身佛入我我入成為不二的境界，這不二的境界是絕了思考的起沒，滅了言語念頭，靈明獨耀之境界，所有的五蘊是假的，這五

蘊堅固就是世間所云之靈魂，有這靈魂就要輪迴六趣了，有五蘊就有能思與所思的主賓關係，變成心所諸法而執著，能所主賓斷了，心如虛空，心如虛空故與道合一，即時回歸不生不滅的阿字門。不然的話，迷著於色聲香味觸之法而認為真，故生起貪愛、瞋恚、愚癡等眾蓋佛性，起了生死苦樂感受。諸法是戲論，佛性不是戲論，佛陀教吾們不可認賊為父。

了知三世一切佛，應觀法界性一真，一念不生三三昧，我法二空佛印心。
應該知道三世一切的覺者是怎樣成佛的。要了知一個端的應觀這法界森羅萬象是一真實的涅盤性所現，這是過去佛現在佛未來佛共同所修觀的方法，一念生萬法現，一念若不生

就是包括了無我、無相、無願三種三昧，這種三昧是心空，不是無知覺，是視之不見、聽之不聞的靈覺境界，此乃一真法性當體之狀態，我執法執俱空即是入我我入，佛心即我心，我心即佛心，達到這境界即入禪定，禪是體，定是心不起，二而一，眾生成佛。釋迦拈花迦葉微笑即此端的，因為迦葉等五百羅漢，均是不發大心的外道思想意識潛在，故開了方便手拈畢波羅花輾動，大眾均不知用意，但都啞然一念不生注視著，這端的當體即佛性本來面目，可惜錯過機會，只有迦葉微笑表示領悟，自此別開一門的無字法門禪宗，見了性後不能發大心都是獨善其身的自了漢。

菩薩金剛我眷屬，三緣無住起悲心，
天龍八部隨心所，神通變化攝鬼神。
羅漢在高山打蓋睡，菩薩落荒草，佛
在世間不離世間覺，羅漢入定不管世
事眾生宛如在高山睡覺，定力到極限
的時候就醒來，會起了念頭，就墮下
來了，菩薩是了悟眾生本質即佛德，
已知迷是苦海，覺悟即極樂，菩薩已
徹底了悟了，它就不怕生死，留惑潤
生，拯救沉沒海中的眾生，如人已知
水性了，入於水中會游泳，苦海變成
泳池，眾生是不知水性故會沉溺，菩
薩入於眾生群中，猶如一支好花入
於蔓草之中，鶴立雞群，一支獨秀。
佛世間、眾生世間、器世間，都是法
界體性所現，在世間覺悟道理了，就
是佛，所以佛在世間並無離開世間。

佛是世間眾生的覺悟者，菩薩為度眾生而開方便法門，但有頑固的眾生不受教訓，菩薩就起了忿怒相責罰，這就是金剛，這是大慈大悲的佛心所流露之心所，其體即佛，心王心所是佛之眷屬，這種大慈大悲的教化眾生之心所，是沒有能度所度及功勞的心，無住生心，歸納起來菩薩金剛都是大悲毘盧遮那之心。此心即佛心，要度天或鬼神就變化同其趣。如天要降雨露均沾法界眾生就變天龍，要守護法界眾生就變八部神將，都是大日如來心所所流出的。祂的神通變化是莫測的，不但能度的菩薩金剛，連鬼神之類亦是毘盧遮那普門之一德，普門之多的總和即總持，入了總持即普門之德具備，這總持即是心。

無限色聲我實相，文賢加持重重身，
聽我法句認諦理，一轉彈指立歸真。

心是宇宙心，心包太虛，太虛之中有無量基因德性，無量基因德性即普門，色即現前之法，聲即法相之語，語即道之本體，有其聲必有其物，有其物即有其色相，無限的基因德性，顯現無限不同法相，能認識之本體即佛性智德，顯現法相之理即理德，智德曰文殊，理德曰普賢，法界之森羅萬象即此理智冥加之德，無量無邊之理德及無量無邊之智德，無論一草一木都是此妙諦重重冥加的總和，只是基因德性之不同，顯現之物或法都是各各完成其任務之相。若不如是萬物即呈現清一色、一味、一相，都沒有各各之使命標幟了。這無限無量的基因德性曰功德，這功德都藏於一心之

如來藏中，凡夫不知故認後天收入的塵法為真，將真與假合璧，成為阿賴耶識，自此沉迷三界苦海了，人們若果聽了這道理而覺悟，即不起於座立地成佛了。

— 完 —

上帝之選舉

作者

大僧正
哲學博士 釋悟光上師

編輯
玄覺

美術統籌
莫道文

美術設計
曾慶文

出版者
資本文化有限公司
地址：香港中環康樂廣場1號怡和大廈24樓2418室
電話：(852) 28507799
電郵：info@capital-culture.com
網址：www.capital-culture.com

鳴謝
宏天印刷有限公司
地址：香港柴灣利眾街40號富誠工業大廈A座15字樓A1, A2室
電話：(852) 2657 5266

出版日期
二〇一九年七月第一次印刷